王晶晶　韩 芳　郭 威 主编

刘克敏　方佳伟 副主编

Self-knowledge and Cognition of Enterprises

自我认知与企业认知

前言

伴随着高等教育的迅猛发展，高等教育正逐步向着更加注重素质与能力培养的方向发展，人才培养的目标也由过去的知识型向具有创新精神、创造能力和创业精神的复合型高素质人才转变。同时，《国家中长期教育改革及发展规划纲要（2010—2020 年）》提出大力发展职业教育，加强实验实训基本建设，强化实践教学环节。本教材就是针对全国高等职业院校对于复合型人才培养模式的需求，依据用友软件股份有限公司研发的“先天特质沙盘”和“企业资源管理（ERP）沙盘”为平台，结合教育部每年举办的全国大学生企业模拟经营大赛而编写。

教材采用任务驱动的编写理念，体现了以学生为主导，以职业能力为核心，以就业为导向的价值理念，培养创新人才机制。重点突出学生团队合作，提升学生的职业素养和创新能力。

通过先天特质沙盘的学习，帮助学生了解自我性格的优劣势，引导正确的职业发展规划，提高学生的专业技能和职业素养。通过企业资源管理（ERP）沙盘的学习，激发学生的学习兴趣，将商战沙盘模拟专业社团和全国大学生模拟经营大赛作为第二课堂，鼓励学生积极参加，推动全国高校实验实训教学的深化改革。

本教材参考学时为 30－60 学时，建议采用“教、学、做”一体化的教学模式。教材根据教师多年的上课和大赛经验融合而成，适合经济管理类的老师和学生课堂使用，也适用于全国大学生模拟经营大赛的赛前培训。

在编写本书的过程中，参考并借鉴了许多沙盘类的教材，特向著作者表示感谢。书中如有错误、疏漏之处，敬请同仁及广大读者批评指正。

编者

2019 年 12 月

目 录

项目一

自我认知导入篇

◆ 项目综述 ◆

管理大师德鲁克(Drucker)曾说:“在知识经济时代里,成功是属于了解自己的人,他们知道自己的长处、价值,以及如何表现出最好的自己。”

作为大学生职业素养最重要的一课,“了解自我人格特质,塑造成熟心智”正是呼应了德鲁克这句话的基本精神。在竞争激烈的职场中,唯有提升自己的隐性素质,修炼自己的心智,做到“知己知彼”,才能获得职场成功。

自我认知是围绕心智结构图,以性格测评为基础,用老虎、海豚、企鹅、八爪鱼和小蜜蜂五种动物属性来定义人类的行为特质,通过案例、知识卡片、桌游等形式,展示不同的动物性格所表现出的不同人类行为特征。

◆ 学习目标 ◆

1. 能够清楚地了解自己的先天优势和弱势
2. 知道如何扬长避短,规划自己的职业人生
3. 了解人和人之间的个性差异
4. 学会用别人喜欢、听得懂的语言沟通
5. 学会进行团队协作

◆ 重点难点 ◆

1. 了解自己的优势和劣势
2. 了解差异,因人而异地沟通

任务一　开场破冰
——九宫格带你融入特定群体

【案例导入】

大一新生小王的烦恼

小王是一个刚入学的大一新生，他对大学生活充满了好奇和期待，很希望自己能够快速融入这个新的集体中，同时也对即将到来的大学生活有着深深的担忧。我们一起来看看小王的自述。

小王的自述：

我是一个比较内向的人，刚加入一个群体很难适应，不知道聊些什么，会造成比较尴尬的局面。跟一两个人聊就还好，但不知道怎么和所有人快速熟悉。另外我记不住人脸，可能会有一个学期还有没对上脸的同学，我该怎么和群体相处呢?

我私下里其实很好相处，朋友有什么需要我都会积极主动帮忙，但是很多时候跟我不那么熟的朋友或者只是认识的人宁愿绕远求助也不会请我帮忙，哪怕我主动帮过他们几次。我希望他们对我不那么拘谨，我该怎么办呢?

我和周围人关系都比较冷，尤其当对方是异性的时候可能他不说话我就能一言不发，但我其实很渴望和人多交流，但这种时候压根不知道怎么找个话题和他们交流，有时说话也说不了几句就尴尬冷场了，我也就基本不会再主动开口了。我不求多熟络彼此，只希望彼此之间的关系不要那么僵。

总的来说就是在不熟的环境里我越来越容易自我封闭不和其他人交往，同时又很想和他们聊天，觉得一个人干杵在群体里很尴尬。

明天就要开学了，明天的第一堂课就是自我认知与企业认知的课程。听同学说这门课程需要分组，以小组为单位进行课堂活动的开展。我该怎么办呢？我是否能找到适合自己的小组呢？如果我自己一个组是否可行呢?

请完成以下任务：

1. 了解九宫格。
2. 会玩九宫格。
3. 找到志同道合的人。
4. 对本课程产生兴趣。

【知识准备与业务操作】

1. 九宫格背景简介

俗话说得好："良好的开端是成功的一半。"上好第一节课，给学生留下一个深刻的印象，就等于是成功了一半。第一节课如何上才能吸引学生使他们喜欢自己的课，这是我们每一位教师共同的心愿。那么如何才能上好第一堂课呢？为了解决跟小王有同样困境的学生的烦恼，为了让学生能够找到志同道合的队友，成功融入课堂教学，我们设定了九宫格开场破冰。

2. 九宫格规则

第一步：每个同学拿一张 A4 纸，在纸的中间画两道横线两道竖线，形成一个九宫格（见表 1-1），然后把自己的名字写在正中间。写完自己的名字以后，有什么感觉呢？是不是有很想把其他格子也填满的冲动？哈，没错，这就是空格的力量。那就赶紧想想，围绕着自己，你要给自己贴哪些"标签"呢？

第二步：围绕自己，把属于自己的标签填满九宫格，例如 O 型血、眼睛近视、喜欢打网游、白羊座等。标签不要只写某一方面的标签，我们要做的是一个属于你自己的九宫格。标签不要太长，不是一句话，而是一个关键词，最好不超过 5 个字。当我们仔细填满九宫格的时候，我们会发现自己的标签覆盖了自己的学习、生活、性格等各个方面。当然这不是一成不变的，会随着时间的推移而发生变化。另外，如果想精益求精的话，这 8 个关键词还需要反复推敲，修改，只要认真琢磨，一定可以找到适合自己的 8 个关键词。

第三步：全体起立，学生在班级内找到符合各种特征的人，并让他们在相应格子内签字。在同一张纸上，如果多项相同，只能签名一格，即一个名字最多出现一次，不能签别人的名字；要记得对方的相貌特征，能够指出签名人；用时最短者有奖励，签名最多者有奖励，奖励为后续上课的课堂灰币两枚。

第四步：随机抽 3—5 位同学，读其九宫格，并指出在其九宫格上签名的同学。

表 1-1 标签九宫格

标签	标签	标签
标签	姓名	标签
标签	标签	标签

3. 九宫格破冰开场意义

“破冰”活动的主要目标是为了建立一种人际和谐关系。建立和维护一种和谐的关系对课堂分组教学实施的成功是至关重要的，因为它会影响学习者的兴趣和信心。在一个需要大量相互协作和相互信任，或是要求学生对你保持坦诚开放的学习课程中，这种关系的和谐程度能够决定该课程活动的成功与否。一个用来建立相互信任和开放的“破冰”活动对这样一个课程的开场非常重要。

通过九宫格破冰开场具有以下意义：

（1）学生之间的陌生关系解冻，班级氛围、班级成员之间的关系达到一种融洽的状态。

（2）学生对课程本身的认识由不了解、有偏见、不重视，通过成功的破冰达到一种融入课堂、喜欢课堂的心理状态。

（3）学生之间的关系由不太熟悉、不信任、不放心甚至不接受（心理上），通过破冰对同学产生正确的看法，认可同学，接受同学，融入班级，融入课堂。

总之，开场破冰是教学第一节课的重要一环。好的开始是成功的一半，有效的破冰也是课程成功的一半！

【案例阅读】

《甄嬛传》中准格尔首领拿着价值连城的九连环给王公大臣，探讨解开九连环的方法，想要给在场人下马威。一群王公大臣，对着九连环，百思不得其解，没有一个人能够想到把九连环解开的方法，现场气氛一下子陷入僵局。幼年的胧月公主，拿起九连环，直接扔到了地上，九连环就这么被解开了。胧月公主对准格尔首领说：“这么简单的道理,连我这小孩子都知道。”瞬间解了燃眉之急。有时候,越简单的事情,往往我们却想不到,转换思维一点点,结果将大大不同。

我们通过九宫格的简单开场,成功地解决了小王的烦恼,让其成功融入了我们的课堂。

【任务验收】

通过知识准备与业务操作的学习,你能够顺利完成任务吗?请试着将任务完成的情况或最终结论填写在表 1-2 中。

表 1-2 任务验收

序号	案例导入	完成情况或最终结论
1	什么是九宫格?	
2	如何玩九宫格?	
3	有没有找到志同道合的人?	
4	你对本课程感兴趣吗?	

任务二　洞悉人性的奥秘
——认知自我，掌握成功的DNA

【案例导入】

正确认知自我，规划成功人生

一个年轻人跟着师傅学书法，师傅对他说："你从'我'字开始练习吧！"年轻人的信心满满，一天又一天临摹着各路名家的字帖，写着不同风格的"我"。几天后，他觉得练习得差不多了，就挑了几个自己写得比较满意的"我"字请师父点评。师父看了看，摇了摇头，说："继续练习！"年轻人静下心，又努力练习了半年，直到自己写的"我"跟字帖上的"我"有九分相似了，这才拿去给师父看。师父认真看了一会儿，点点头说："有进步，你接着练习。"年轻人回来后继续练习。随着时间的推移，他逐渐将一些名家的书法熟记于心。有一天，他随手写了一个"我"字，那已经是取诸家所长，自成一派的作品了，他感到很满意，便又拿给师父去看，师父面带微笑，欣赏了很长一段时间，意味深长地对年轻人说："你终于会写'我'字了！"

在书法中，"我"这个字很难写，因为简单的一个"我"字包含了生命的自我认知和自我坚持，年轻人在写"我"的同时，也明白了人生的真谛。

人和人的区别在哪里？青春？财富？地位？这些只是我们一眼可见的区别，人和人真正的区别在于正确的自我认知。因为有正确的自我认知，所以知道自己想要什么，能做什么；知道要实现目标需要具备哪些条件，需要怎样的努力，并会锻炼自己的毅力、耐力和能力去努力实现这些目标。

请完成以下任务：

1. 了解周哈里窗模式。

2. 了解开放我、盲目我、隐藏我和未知我。

3. 了解心智模式图。

4. 了解一个人要想成功，哪些因素发挥的作用大。

5. 知道自己的性格特征。

6. 知道自己的性格特征跟哪些动物特征相对应。

【知识准备与业务操作】

1. 周哈里窗模式

心理学家鲁夫特与英格汉提出“周哈里窗(Johari Window)模式”，“窗”是指一个人的心就像一扇窗，周哈里窗展示了关于自我认知、行为举止和他人对自己的认知之间有意识或无意识的差异。由此分割为四个范畴，一是面对公众的自我塑造范畴，二是被公众获知但自我无意识的范畴，三是自我有意识在公众面前保留的范畴，四是公众及自我两者均无意识范畴，也称为潜意识范畴。普通的窗户分成四个部分，人的心理也是如此。因此把人的内在分成四个部分：开放我、盲目我、隐藏我、未知我。(见图1-1)

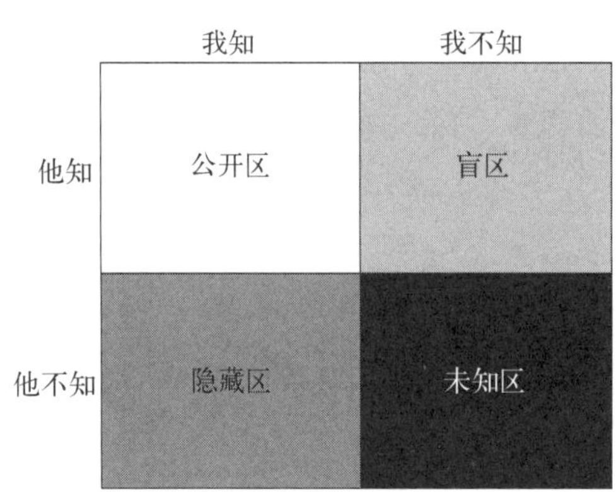

图1-1 周哈里窗模式

左上角那一扇窗称为“开放我”，也称“公众我”，属于自由活动领域。这是自己清楚别人也知道的部分，所谓“当事者清，旁观者也清”。比如，我们的性别、外貌、工作生活所在地、能力、爱好、特长、成就等等，可以公开了解到的信息。“开放我”的大小取决于自我心灵开放的程度、个性张扬的力度、人际交往的广度、他人的关注度、开放信息的利害关系等。“开放我”是自我最基本的信息，也是了解自我、评价自我的基本依据。

右上角那一扇窗称为“盲目我”，也称“背脊我”，属于盲目领域。这是自己不知道而别人却知道的部分，所谓“当事者迷，旁观者清”。可以是一些很突出的心理特征，比如有人轻易承诺却转眼间忘得干干净净；也可以是不经意的一些小动作或行为习惯，比如一个得意的或者不耐烦的眼神，一个不经意间的手指动作，本人不觉察，除非别人告诉你。盲目点可以是一个人的优点也可以是缺点。因为事先不知、不觉，所以当别人告诉自己时，或惊讶、或怀疑、或辩解，特别是听到与自己初衷或想法不相符合的情况时。“盲目我”的大小与自我观察、自我反省的能力有关，通常内省特质比较强的人，盲点比较少，“盲目我”比较小。而熟悉并指出“盲目我”的他者，往往也是关爱你的人，欣赏你的人，信任你的人（虽然也可能是最挑剔你的人）。所以，我们要学会用心聆听，重视他人的回馈，不固执，不过早下结论；学会感恩，让他们帮助自己拨开迷雾见青天。

左下角那一扇窗称为“隐藏我”也称为“隐私我”，属于逃避或隐藏领域。这是自己知道而别人不知道的部分，与“盲目我”正好相反。就是我们常说的隐私、个人秘密，留在心底，不愿意或不能让别人知道的事实或心理。身份、缺点、往事、疾患、痛苦、窃喜、愧疚、尴尬、欲望、意念等等，都可能成为“隐藏我”的内容。相比较而言，心理承受能力强的人、隐忍的人、自闭的人、自卑的人、胆怯的人、虚荣或虚伪的人，隐藏我会更多一些。适度的内敛和自我隐藏，给自我保留一个私密的心灵空间，避去外界的干扰，是正常的心理需要。没有任何隐私的人，就像住在透明房间里，缺乏自在感与安全感。但是隐藏我太多，开放我就太少，如同筑起一座封闭的心灵城堡，无法与外界进行真实有效的交流与融合，既压抑了自我，也令周围的人感到压抑，容易导致误解和曲解，造成他评和自评的巨大反差，成为人际交往的迷雾与障碍，甚至错失机会。勇于探索自我者，不能只停留在“开放我”的层面，还应敢于直面“隐藏我”的秘密和实质。

右下角那一扇窗称为“未知我”也称为“潜在我”，属于处女领域。这是自己和别人都不知道的部分，有待挖掘和发现。通常是指一些潜在能力或特性，比如一个人经过训练或学习后，可能获得的知识与技能，或者在特定的机会里展示出来的才干，也包含弗洛伊德提出的潜意识层面，仿佛隐藏在海水下的冰山，力量巨大却又容易被忽视。对未知我的探索和开发，才能更全面而深入地认识自我、激励自我、发展自我、超越自我。学着尝试一些全新的领域，挖掘潜力，会收获惊喜。勇于自我探索者，要善于开发“未知我”。

【案例阅读】

一只鹰蛋从鹰巢里滚落了出来，掉在草堆里。有个人发现了他，以为是一只鸡蛋，把他拿回家去，放在鸡窝里。他和其他的鸡蛋一样，被孵化了出来。于是，他从小就被当作一只小鸡，过着鸡一样的生活。由于长相古怪，许多的伙伴都欺负他。他感到孤独和痛苦。

有一天，他在稻场上啄谷子。忽然，山那边一道黑影飞掠了过来，大家惊慌失措，到处躲藏。等到危机过去，大伙儿才松了一口气。“刚才那是一只什么鸟啊?”他问。他的伙伴告诉他：“那是一只鹰，至高无上的鹰。”“喔，那只鹰真是了不起，飞得那样潇洒!”他发自内心的羡慕，“如果有一天，我也能像鹰一样飞起来，那该多好!”“简直是痴心妄想!”他的伙伴毫不留情地训斥他说：“你生来就是一只鸡，甚至连鸡都为你的丑陋感到丢脸，你怎么可能像鹰一样飞呢？”他黯然神伤地走开了。

小结：雄鹰因为不知道自己是一只鹰而甘于做一只整天在地上扒食的鸡，可见正确认识自己有多么的重要。

2. 心智模式图

心智模式图共有三个圈：知能圈、惯性圈和动力圈。（见图 1－2）

第一圈：知能圈。知能圈，指的是知识能力，这是构成人思考的显性因素，它包括了学历、经历、专业与所拥有的资源。

图 1－2　心智模式图

第二圈：惯性圈。惯性圈包括了生活方式、形象、思考习惯、制约，也就是日常的生活习惯、思考的倾向与特色、自我形象的塑造方式，以及那些被我们接受的生活规范。

第三圈：动力圈。动力圈包含了使命、能量、价值观与先天特质。这四项特质位于我们个性中的底层、深层，一般而言，也是驱使我们走向不同人生方向的最重要因素。

在人的成长中，在大学生的创业就业过程中，决定成功与否的因素，50％来自内圈-动力圈；30％来自中圈-惯性圈；20％来自外圈-知能圈；内圈与中圈中的内容为隐性素质，有的属于先天特质部分，难以被察觉，占成功因素中的 80％。而外圈中的内容属于表象素质，容易引人注意和利用后天培养来改善，占成功因素的 20％。

3. 性格测试

先试试回答以下的问题，提醒你注意一点：回答问题时不是依据别人眼中的你来判断，而要依据你认为你本质上是不是这样的来判断。看看问题吧！

（1）性格测试题目。

① 你做事是一个值得信赖的人吗？

□ 非常同意　□ 比较同意　□ 差不多　□ 比较不同意　□ 非常不同意

② 你个性温和吗？

□ 非常同意　□ 比较同意　□ 差不多　□ 比较不同意　□ 非常不同意

③ 你有活力吗？

□ 非常同意　□ 比较同意　□ 差不多　□ 比较不同意　□ 非常不同意

④ 你善解人意吗？

□ 非常同意　□ 比较同意　□ 差不多　□ 比较不同意　□ 非常不同意

⑤ 你独立吗？

□ 非常同意　□ 比较同意　□ 差不多　□ 比较不同意　□ 非常不同意

⑥ 你受人爱戴吗？

□ 非常同意　□ 比较同意　□ 差不多　□ 比较不同意　□ 非常不同意

⑦ 你做事认真且正直吗？

□ 非常同意　□ 比较同意　□ 差不多　□ 比较不同意　□ 非常不同意

⑧ 你富有同情心吗？

□ 非常同意　□ 比较同意　□ 差不多　□ 比较不同意　□ 非常不同意

⑨ 你有说服力吗？

□ 非常同意　□ 比较同意　□ 差不多　□ 比较不同意　□ 非常不同意

⑩ 你大胆吗？

□ 非常同意　□ 比较同意　□ 差不多　□ 比较不同意　□ 非常不同意

⑪ 你精确吗？

□ 非常同意　□ 比较同意　□ 差不多　□ 比较不同意　□ 非常不同意

⑫ 你适应能力强吗？

□ 非常同意　□ 比较同意　□ 差不多　□ 比较不同意　□ 非常不同意

⑬ 你组织能力好吗？

□ 非常同意　□ 比较同意　□ 差不多　□ 比较不同意　□ 非常不同意

⑭ 你是否积极主动？

□ 非常同意　□ 比较同意　□ 差不多　□ 比较不同意　□ 非常不同意

⑮ 你害羞吗？

□ 非常同意　□ 比较同意　□ 差不多　□ 比较不同意　□ 非常不同意

⑯ 你强势吗？

□ 非常同意　□ 比较同意　□ 差不多　□ 比较不同意　□ 非常不同意

⑰ 你镇定吗？

□ 非常同意　□ 比较同意　□ 差不多　□ 比较不同意　□ 非常不同意

⑱ 你勇于学习吗？

□ 非常同意　□ 比较同意　□ 差不多　□ 比较不同意　□ 非常不同意

⑲ 你反应快吗？

□ 非常同意　□ 比较同意　□ 差不多　□ 比较不同意　□ 非常不同意

⑳ 你外向吗？

□ 非常同意　□ 比较同意　□ 差不多　□ 比较不同意　□ 非常不同意

㉑ 你注意细节吗?

□ 非常同意　□ 比较同意　□ 差不多　□ 比较不同意　□ 非常不同意

㉒ 你爱说话吗?

□ 非常同意　□ 比较同意　□ 差不多　□ 比较不同意　□ 非常不同意

㉓ 你的协调能力好吗?

□ 非常同意　□ 比较同意　□ 差不多　□ 比较不同意　□ 非常不同意

㉔ 你勤劳吗?

□ 非常同意　□ 比较同意　□ 差不多　□ 比较不同意　□ 非常不同意

㉕ 你慷慨吗?

□ 非常同意　□ 比较同意　□ 差不多　□ 比较不同意　□ 非常不同意

㉖ 你小心翼翼吗?

□ 非常同意　□ 比较同意　□ 差不多　□ 比较不同意　□ 非常不同意

㉗ 你令人愉快吗?

□ 非常同意　□ 比较同意　□ 差不多　□ 比较不同意　□ 非常不同意

㉘ 你传统吗?

□ 非常同意　□ 比较同意　□ 差不多　□ 比较不同意　□ 非常不同意

㉙ 你亲切吗?

□ 非常同意　□ 比较同意　□ 差不多　□ 比较不同意　□ 非常不同意

㉚ 你工作足够有效率吗?

□ 非常同意　□ 比较同意　□ 差不多　□ 比较不同意　□ 非常不同意

(2) 性格测试赋分方式和结果解释。

非常同意,记 5 分;比较同意,记 4 分;差不多,记 3 分;比较不同意,记 2 分;非常不同意,记 1 分。

① 第 5、10、14、18、24、30 题的分加起来就是你的"老虎"分数。

② 第 3、6、13、20、22、29 题的分加起来就是你的"海豚"分数。

③ 第 2、8、15、17、25、28 题的分加起来就是你的"企鹅"分数。

④ 第 1、7、11、16、21、26 题的分加起来就是你的"蜜蜂"分数。

⑤ 第 4、9、12、19、23、27 题的分加起来就是你的"八爪鱼"分数。

假若你有某一项分远远高于其他四项,你就是典型的这种属性;假若你有某两项分大大超过其他三项,你是这两种动物的综合;假若你各项分数都比较接近,恭喜你,你是一个面面俱到近似完美性格的人;假若你有某一项分数特别偏低的话,想提高自己就需要在那一种动物属性的加强上下功夫了。我们就来逐一分析一下各种迥然不同的"动物"吧!

4. 人类行为学和动物行为学

(1) 人格特质——老虎

表 1-3 老虎型人格特质

序号	动 物 行 为	人 类 行 为	行 为 细 则
1	屡次出击	勇于尝试	① 掌握________ ② 挑战________
2	饿时找大目标	胸怀大志	① 锁定________ ② 见林不见树
3	独自猎食	相信自己	① 果断、迅速 ② ________历史

主要代表国家：德国；主要代表人物：撒切尔夫人

(2) 人格特质——海豚

表 1-4 海豚型人格特质

序号	动 物 行 为	人 类 行 为	行 为 细 则
1	随船嬉戏	不怕生	① 容易注意到________的人、事、物 ② 容易跟不同的人接近
2	怕孤独 好群栖	呼朋引伴	① 喜欢与大家同在一起 ② 与大家________资源
3	学人唱歌	表达力强	① 幽默 ② 用________陈述事情

主要代表国家：美国；主要代表人物：奥巴马

(3) 人格特质——企鹅

表 1-5 企鹅型人格特质

序号	动 物 行 为	人 类 行 为	行 为 细 则
1	椭圆身材 模样可爱	待人亲切	① 如沐春风 ② 感情是________的
2	成千上万栖息 互助合作	与人合作	① 默默付出________ ② 以和为贵
3	孵蛋期间 60 天不动	耐心对待	① 稳定成长 ② 会________到最后

主要代表国家：印度；主要代表人物：巴菲特

（4）人格特质——蜜蜂

表 1－6　蜜蜂型人格特质

序号	动物行为	人类行为	行为细则
1	各司其职	分工权责	① 遵守规范 ② 在意上、下、左、右同事的________
2	工蜂制成一磅蜂蜜，足以飞地球四圈	认真工作	① 不轻易承诺 ② 承诺后会________
3	工蜂联合逐雄蜂出巢，让其饿死在外	公平正义	① 同工________ ② 强烈的是非、黑白判断

主要代表国家：英国；主要代表人物：比尔·盖茨

（5）人格特质——八爪鱼

表 1－7　八爪鱼型人格特质

序号	动物行为	人类行为	行为细则
1	怕强光	老二哲学	① 面对________的人、事主题，不会轻易表达意见 ② 不停地收集讯息与________
2	触角布满 2 000 个吸盘	面面俱到	① 做人因________而令人感到贴心 ② 做事因________而面面俱到
3	用一只眼睛看世界	多面向	① 博学多闻，不一定专精 ② 可________进行多项工作

主要代表国家：中国；主要代表人物：周恩来

【案例阅读】

从马斯洛的需求层次理论来分析人的需求，也许能得到更本质的结果。需求层次理论将人的需求分为：生理需求、安全需求、社交需求、尊重需求和自我实现需求。这些需求都是很本质抽象的需求，但是由这些需求可以衍生出很多具体的需求来。

生理需求是人类维持生存最基本的需求，其他任何需求都是建立在这一需求之上。例如大众点评，相信这款产品一定是各种吃货的必备，在大众点评上可以很方便地查到各种餐厅、小店，并且可以看到用户的评价。又如饿了么，如果说大众点评是方便用户出去找吃的，那么饿了么就完美地解决了把美食送到用户手中的用户需求。

安全需求，每个人都会有安全的需求，其中的安全又可以拆分成人身安全、健康保障、财产安全、生活稳定等。例如手机管家，通过对手机状态的监控与保护，让用户在使用手机的时候感到放心。又如支付宝，对于线上交易的用户，资金的安全无疑是最重要的。支付宝给用户提供了资金安全保障，在用户心理层面上消除了很多顾虑。

社交需求，这一块不用多说，社交已是当下最为火爆的一块。作为在社会中生存的人必定要和其他产生联系。例如微信，目前微信活跃用户已经突破5亿了，这是一个多么庞大的数字。微信找准了人性社交的需求，剩下的事情就水到渠成了。

尊重需求，每个人都渴望自己被尊重，希望展现出自己优秀、美好的一面，获得大家的认可。例如QQ等级图标体系。QQ在这方面毫无疑问做得是最成功的产品，能够让一帮小孩子都愿意为QQ产品掏钱。

自我实现需求是最高层次的需求，包括针对真善美至高人生境界获得的需求。例如网易公开课，在线教育市场日益火爆，越来越多的人加入在线学习的行列中。通过一个小小的产品就能随时随地免费学到世界名校课程，这对爱学习的用户无疑是一款非常有吸引力的产品。

马斯洛的需求层次理论很好地揭示了人性本质的东西，成功的互联网产品必然是满足了其中一种或者几种需求，而且层次越低的需求越是刚性需求。这些需求层次中并没有很明确的界限，从这些基本的需求中可以衍生出无数的具体需求。我们在做产品的时候，除了把握用户表面上的需求外，更应该洞察用户人性本质的需求。更加深入地思考，才能帮助我们将产品做得更加人性化。

（资料来源：http://www.admin5.com/article/20150513/598227.shtml）

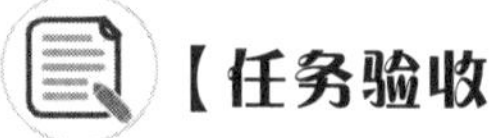

【任务验收】

通过知识准备与业务操作的学习，你能够顺利完成任务吗？请试着将任务完成的情况或最终结论填写在表1-8中。

表1-8 任务验收

序号	案例导入	完成情况或最终结论
1	什么是周哈里窗？	
2	你觉得开放我区域越大越好？ 还是未知我区域越大越好？	
3	你了解心智模式图了吗？	

续表

序号	案例导入	完成情况或最终结论
4	你觉得一个人想要成功，哪些因素最重要呢？	
5	你知道自己的动物性格吗？	
6	你掌握动物性格和人类性格的对应关系了吗？	
7	你了解每种性格的代表人物和代表国家吗？	

任务三　你是谁比你想成为谁更重要——找准自己的舞台

【案例导入】

找准属于自己的位置

一个西装革履的白领，一个茹毛饮血的土著。

如果两个人在一个荒岛上，那么是土著更容易生存下来并帮助对方脱困，还是白领更容易生存下来并帮助对方脱困？

如果两个人在一个高楼林立的现代大都市，那么是土著更容易生存下来并帮助对方脱困，还是白领更容易生存下来并帮助对方脱困？

说明：站对位置，找准舞台，人人都是天才。

请完成以下任务：

1. 了解什么是生涯，影响生涯的因素有哪些。
2. 了解什么是职业生涯，职业生涯有何重要意义。
3. 学会制定自己的学业生涯规划。
4. 了解自己的职场特质。
5. 知道如何在职场发挥自己的优势。

【知识准备与业务操作】

1. 飞机失事：决策求生

小型飞机失事，坠落在茂密丛林内，驾驶员已死亡。失事前知道失事地点在城镇西南方，离城镇 40 千米，目前气温为摄氏零下 12 度，时间在上午 11 时 30 分，如何求生？

现有13项物品可以协助求生,请选择运用的顺序。最重要:1;次重要:2;第三重要:3;……;最不重要:13。

(1) 个人决策和小组决策

首先每个组的个体成员自行排序,不能讨论,时间5分钟,结果填入个人决策(A)。

接着小组讨论,给出各组的一致意见填入团队决策(B)。

表1-9 飞机失事求生选择

项 目	物 品	个人决策(A)	团队决策(B)
1	手枪一支		
2	手电筒		
3	打火机		
4	报纸(每人一张)		
5	绳子(棉质,长10公尺)		
6	罗盘		
7	猪油一罐		
8	开山刀		
9	威士忌一瓶		
10	航空地图		
11	医药箱		
12	巧克力(每人一片)		
13	滑雪手杖两只		

(2) 参考排序和理由

表1-10 飞机失事求生选择参考排序和理由

排序	求生物品	排 序 理 由
1	打火机	对防寒有效。引火点燃后,至少可收到御寒作用。产生亮光后,让夜晚搜救队容易辨识遇难方位。白天,也可将冒出的烟雾作为信号。总而言之,它具有加速辨识遇难处之用。
2	巧克力	捡拾木柴取火、保暖、指示等都需要能源;而含有碳水化合物的巧克力,便可说是身体热能之来源。
3	猪油罐	可作多种用途。一是罐盖可用作反射太阳光;作为镜子之用,更可将信号传至遥远处;太阳出来时,更能发出蜡烛五万倍的亮度。若将其涂抹于身体,所暴露之部分,可免冻伤。将油洒在某些物体上,也能方便其燃烧起来。衣物浸些油,可具有似蜡烛般的亮光。甚至于罐内装些雪块,以火燃烧煮沸后,便成了饮用水了。即使在严寒之冬季,身体仍有补给水分所需。

续表

排序	求生物品	排　序　理　由
4	手电筒	手电筒可作为信号用。夜晚行走时很方便。但是，由于气温太低，电池支持不了太久。
5	绳子	极有用的工具。为保暖，可用它去捆绑树枝。切出小段可当作灯芯。可缚裹身体，防御冷风。
6	报纸	用来取火甚为方便。也可用来防寒。譬如，冷风渗入裤内，置报纸于里面可取暖。阅读报纸时，可以降低高昂激烈的情绪——读它、折它、撕碎、书写都可以。如找到空地，可将报纸摊开，作为求援信号，引起空中搜救飞行机的注意。
7	手枪	以枪声作为信号。但手枪也容易导致危险。一般而言，手枪可用于狩猎，猎取动物，储存食粮。不过若是不善于使用手枪者，也无法击中猎物；即使有所猎获，而于搬运时亦须耗损大量的体力。
8	开山刀	虽然很便利，但严冬时使用不多，仅仅可用来切绳或将树枝削尖而已。
9	医药箱	其中用途最多的是纱布，可将之如保鲜膜般，紧紧地束缚着身体保暖，也可用作溶化猪油的火芯。
10	滑雪手杖	这一项并不重要。顶多在求援时，摇晃旗帜用；或在冰上行走时，测其是否有不堪负荷。
11	威士忌	其用途只是将之浇于燃烧火焰上，助其烈焰腾空罢了，但却是很危险的事情。若有寒意把它喝下，也许一时之间暖意涌上，却更容易导致冻伤，更具危险性。或可以空瓶装上饮用水，但总归是效果不彰。
12	航空地图	这也是较具危险性的项目。一般人都主观地认为只要有地图，便可找寻最接近出事地点的乡镇去避难，殊不知山难通常意味着死亡；还是保持于原地，向外界寻求指示更为妥当。
13	罗盘	凡是遭难者以为若持有指南针时，心中便很告慰，可依其方向行至附近小镇。其实，若一定要找出用途，那么就仅使用磁石外壳反射太阳光，作为通知外界遇险场所之信号而已，功能不多。

（3）计算得分

计算个人得分：计算单项（共 13 项）得分，用 C 栏减 A 栏后，取绝对值，并将数值填入 D 栏。将各单项得分合计后，填入 D 栏（总分）处。

计算团队得分：计算单项（共 13 项）得分，用 C 栏减 B 栏后，取绝对值，并将数值填入 E 栏。将各单项得分合计后，填入 E 栏（总分）处。

表 1－11　飞机失事逃生选择计算得分

项目	物　品	个人决策 A	团队决策 B	专家意见 C	个人 VS 专家 D(C－A)	团队 VS 专家 E(C－B)
1	手枪一支					
2	手电筒					

续表

项目	物　品	个人决策 A	团队决策 B	专家意见 C	个人 VS 专家 D(C－A)	团队 VS 专家 E(C－B)
3	打火机					
4	报纸					
5	绳子					
6	罗盘					
7	猪油一罐					
8	开山刀					
9	威士忌一瓶					
10	航空地图					
11	医药箱					
12	巧克力					
13	滑雪手杖					
总　分						

(4) 总结

在决策过程中,错误的决策仍可合理化,说明方向比方法更重要。所以在职业生涯规划中,最重要的是确定方向,选择比努力更重要!

2. 生涯和职业生涯

(1) 生涯的含义

“生涯”(career)一词来自罗马文 viacarraria 及拉丁文 carras,二者的含义均指古代的战车,后来引申为道路,即人生的发展道路。“生涯”一词在我国最早出现在《庄子》中,《庄子・养生主》云:“吾生也有涯,而知也无涯,以有涯随无涯,殆已。”本书结合前人之长,提出生涯的定义,生涯是持续一生的过程,是人一生的发展与进步,包含生命意义的追寻与期许:工作、家庭、休闲、财务、社交、学习、健康、心灵等。

(2) 生涯的特征

生涯主要有以下几个特征。

第一,终身性特征。生涯是一个连续不断的发展过程,概括了人一生中所拥有的各种职位、角色。可以说,生涯不是个人在某一阶段所特有的,而是一个终身发展的过程。因此,生涯具有终身性特征。

第二,发展性特征。生涯是一个动态的发展历程,个体在不同的生命或工作阶段中会有不同的追求,而且这些追求会不断地变化与发展,从而促进个体不断地成长,并不断地转换角色。因此，生涯具有发展性特征。

第三，独特性特征。生涯是每个人依据自己的人生理想，为了充实自我、实现自我而逐渐展开的一种独特的生命历程，具有个体差异性。虽然某些人在生涯的形态上有相似的地方，但其实质却可能是完全不同的。因此，生涯具有独特性特征。

第四，综合性特征。生涯是以个体生命演进的发展为主轴，并包含了他一生中所拥有的所有职位、角色的总和，这个总和不只局限于职业角色，也包括学生、子女、父母、公民等涵盖人生整体发展的各个层面的角色。因此，生涯具有综合性特征。

【案例阅读】

有一天，一个男孩突然问他的妈妈："妈妈，您想做个中国的老太太，还是外国的老太太？"妈妈不解地问："我老了以后，当然是个中国老太太啊！怎么能做外国的老太太呢？"男孩摇了摇头说："不是啊！外国老太太年轻的时候，是个漂亮的姑娘，她大学毕业之后，会找一份收入稳定的工作，接着她会向银行贷款，买下房子和车子，以及许多高级的生活用品，每个月她努力还利息，生活虽然紧张，但是充实而愉快。她有了很好的居住条件，又有自己的车子代步，并且尝尽人生的各种乐趣之后，当她终老时，银行的贷款也刚好还清，便安然地闭上了眼睛。"这位中国妈妈还不是非常明白，便问孩子："那中国的老太太又怎样呢？"男孩说："中国的老太太啊！她年轻的时候也是个漂亮的姑娘，不过她找到一份稳定的工作后，便开始努力储蓄，一年到头都非常辛苦，什么都舍不得吃，也舍不得享受，只知道把钱存起来，最后还是在病痛中死去。而她省吃俭用存下来的钱，全部由她的子女们获得，这些钱足够她的子女们买大房子和名贵的好车。孩子们孝顺的话，会用存款的一部分，为死去的妈妈风光厚葬。但是，中国老太太在生前的时候，却什么都没有享受过。"男孩看着母亲说："妈妈，您到底要做中国的老太太还是外国的老太太？"

生命对于我们每个人来说只有一次，如何让这仅有的一次生命变得有意义是每个人都应该思考的事情。《礼记·中庸》中云："凡事预则立，不预则废。"如果我们不能正确认识生命的价值，规划好自己的人生，就会让自己的生涯以及职业生涯黯淡无光。

（资料来源：http://3y.uu456.com/bp_0b7vk38l617e16h2fbx6_1.html）

（3）职业生涯的含义

关于"职业生涯"的含义，无论是在国外还是在国内，都有很多学者对其进行了研究。

在国外，主要有两种影响比较大的关于“职业生涯”的界定。第一种是由美国学者罗斯威尔提出来的，他将职业生涯界定为人的一生中与工作相关的活动、行为、态度、价值观、愿望的有机整体。第二种是由美国社会学家麦克·法兰德提出来的，他认为职业生涯是指一个人依据理想的长期目标，所形成的一系列工作选择，以及相关的教育和训练活动，是有计划的发展历程。

在国内，学者们认为职业生涯有广义和狭义之分。广义的职业生涯是指从职业能力的获得、职业兴趣的培养、选择职业、就职，直到最后完全退出职业劳动这样一个完整的职业发展过程，其上限从0岁起点开始。狭义的职业生涯则是指从职业学习开始，踏入社会，从事工作直到职业劳动的最后结束，离开工作岗位为止这段人生职业工作历程。

根据上述对职业生涯的界定可知，从个体的角度来说，职业生涯指一生中与职业发展相关的历程，即对职业生涯进行持续、系统计划的过程，包括职业定位、目标设定、通道设计。

职业生涯在生涯体系中居中心位置，其目标的实现与否，直接会引起成就与挫折、愉快与不愉快的不同感受，影响生命的质量。

【案例阅读】

比赛尔是西撒哈拉沙漠中的一颗明珠，每年有数以万计的旅游者来到这儿。可在肯·莱文发现它之前，这里还是一个封闭而落后的地方。这儿的人没有一个走出过大沙漠，据说不是他们不愿离开这块贫瘠的土地，而是尝试过很多次都没有走出去。

肯·莱文当然不相信这种说法。他用手语向这儿的人问原因，结果每个人的回答都一样：从这儿无论向哪个方向走，最后都还是转回出发的地方。为了证实这种说法，他做了一次试验，从比赛尔村向北走，结果三天半时间就走了出来。

比赛尔人为什么走不出来呢？肯·莱文非常纳闷，最后只得雇一个比赛尔人，让他带路，看看到底是为什么。他们带了半个月的水和食品，牵了只双峰骆驼，肯·莱文收起指南针等设备，只拄一根木棍跟在后面。

十天过去了，他们走了大约八百英里的路程，第十一天的早晨，他们果然回到了比赛尔。这一次肯·莱文终于明白了，比赛尔人之所以走不出大沙漠，是因为他们根本就不认识北斗星。

在一望无际的沙漠里，一个人如果凭借着感觉往前走，他会走出许多大小不一的圆圈，最后足迹十有八九是一把卷尺的形状。比赛尔村处在浩瀚的沙漠中间，方圆上千千米没有一点参照物，若不认识北斗星又没指南针，想走出沙漠确实是不可能的。

肯·莱文在离开比赛尔时，带了一位叫阿古特尔的青年，就是上次和他合作的人。他告诉这位汉子，只要你白天休息，夜晚朝着北方那颗星走，就能走出沙漠。阿古特尔照着去做，三天之后，果然来到了大漠的边缘。阿古特尔因此成为比赛尔的开拓者，他的铜像被竖在小城的中央，铜像的底座上刻着一行字：新生活是从选定方向开始的。

这个故事能给人带来什么思考？一个人无论他现在多大年龄，他真正的人生之旅，是从设定目标那一天开始的，以前的日子，只不过是在绕圈子而已。

（资料来源：http://www.xuexila.com/success/story/402489.html）

（4）大学生职业生涯规划的意义

哈佛大学曾对一群智力、学历、环境等客观条件都差不多的年轻人做过一个长达25年的跟踪调查，调查内容为规划对人生的影响。如图1-3，结果发现：第一类人，比例占27%的人，没有目标；第二类人，比例占60%的人，目标模糊；第三类人，比例占10%的人，有清晰但比较短期的目标；第四类人，比例占3%的人，有清晰而长远的目标。以后的25年，他们开始了自己的职业生涯。

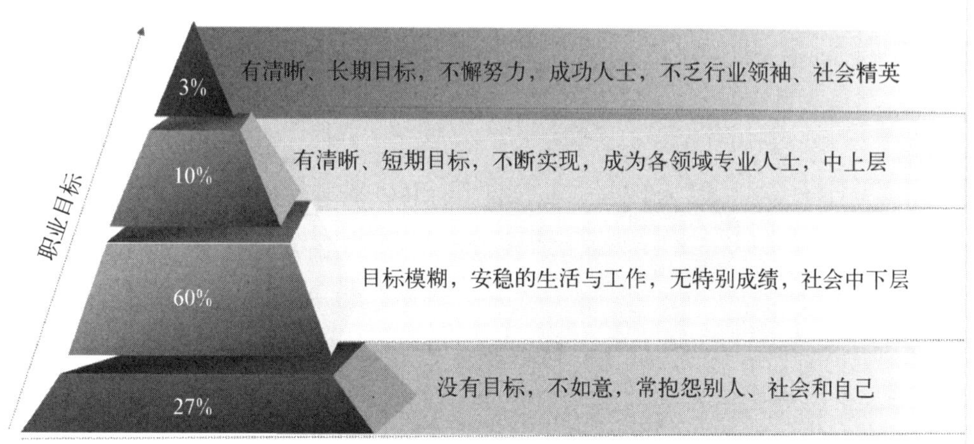

图1-3　哈佛大学25年跟踪调查结果

25年后，又对这些调查对象跟踪调查，他们的职业和生活状况发生了很大的变化。第四类人，占比3%的有清晰且长远人生规划的人，25年来几乎都不曾更改过自己的人生目标，并且为实现目标做着不懈的努力。25年后，他们几乎都成了社会各界顶尖的成功人士，他们中不乏白手创业者、行业领袖、社会精英。第三类人，占比10%的有清晰短期人生规划者，大都生活在社会的中上层。他们的共同特征是那些短期人生规划不断得以实现，生活水平稳步上升，成为各行各业不可或缺的专业人士，如医生、律师、工程师、高级主管等。第二类人，占比60%的人生规划模糊的人，几乎都生活在社会的中下层面，能安稳地工作与生活，但都没有什么特别的成绩。第一类人，是那些没有目标和规划的人，几乎都生活在社会的最底层，生活状况很不如意，经常处于失业状态，靠社会救济，并且常常都在抱怨他人，抱怨社会，抱怨世界。调查者因此得出结论，目标对人生有巨大的导向性作用。成功在一开始仅仅是一种选择，你选择什么样的人生规划，就会有什么样的人生。其实他们之间的差别仅仅在于25年前他们中的一些人知道自己到底要什么，而另一些人则不清楚或不很清楚。未来的人生道路一片空白，需要你去填充，灿烂与否，绚丽与否，取决于你的人生规划，你的选择。

【案例阅读】

李佳是一个性格外向的女孩，刚进入大学就对自己以后的工作开始规划。她觉得自己不太适合搞学术研究，想进入外企当白领。因为有这个想法，李佳大学四年，除了掌握基础的学习知识外，重点强化了自己在英语方面的能力。大二已经顺利通过了CET-4、CET-6的考试，大三开始又去考了GMTA和高级口译，顺利获得了证书。业余时间参加班级以及学校社团的一些活动，并利用暑假和寒假的时间，在外企做实习生，积累了一些工作经验，也了解到外企招聘时对于人才的一些要求。在大学四年的不懈努力下，毕业季李佳找工作非常顺利，最后选择了一家外资银行，于是李佳成为同学眼中的“牛人”。

王雨刚入大学的时候，对大学生活充满了憧憬。大学生活比高中开心多了，不用整天对着书本看，可以有各种各样的兴趣爱好。于是王雨整天就潇洒度日，上网、打游戏、逛街，日子过得十分惬意。学习成绩马马虎虎，王雨自己也觉得不挂科就行。顺利度过了大学四年的时光。毕业季到来，王雨开始发愁了，大学基本上放弃了专业课，基础太差，考研基本没戏，工作简历投了一份又一份，都石沉大海，毕业后半年工作还是没有着落。

(5) 辨识职场特质，发挥优势

每个人都会成功，不同人有不同的方法和路径，要学习成功人士的专业和态度，要学习与自己个性相同人的成功方法和路径。我们要用80%的精力扩展长项，将优势发挥到极致，用20%的精力弥补、规避短项，将弱势减少到最小损失。成功能比别人早一步的关键是发挥你的天赋，下面我们就从五种动物性格入手，谈谈每种动物性格的个性优势及不足。

① 老虎型人格的优势及不足

表 1－12 老虎型人格的优势及不足

动物属性	个 性 优 势	个 性 不 足
老虎	勇于尝试	好高骛远
	自信、敢担当	没________，易________
	胸怀大志	见林，不见________

② 海豚型人格的优势及不足

表 1－13 海豚型人格的优势及不足

动物属性	个 性 优 势	个 性 不 足
海豚	表达能力强	粗心，________
	乐于分享	不够________
	不怕陌生人	不喜欢________行动

③ 企鹅型人格的优势及不足

表 1－14 企鹅型人格的优势及不足

动物属性	个 性 优 势	个 性 不 足
企鹅	踏实稳健	容易________
	耐心坚持	________变化的环境
	待人亲切	显得反应________

④ 蜜蜂型人格的优势及不足

表 1－15 蜜蜂型人格的优势及不足

动物属性	个 性 优 势	个 性 不 足
蜜蜂	深思熟虑	太过追求________
	认真、重承诺	不够灵活、________
	谨慎、细致	爱钻牛角尖

⑤ 八爪鱼型人格的优势及不足

表 1－16　八爪鱼型人格的优势及不足

动物属性	个性优势	个性不足
八爪鱼	博学多闻	给人印象________
	面面俱到	什么都想了解，容易________
	做人周到、做事周密	容易给人________的感觉

【案例分析】

掌握人格特质，预测行为模式：

荷兰阿姆斯特丹火车站里，男厕地板上总是尿流满地，臭气熏天，怎么来解决呢？

答案：行为科学家建议在尿池上釉上小苍蝇。

分析：因为荷兰政府召集一批行为科学专家从源头进行分析，专家分析来这里的德国人比较多，德国老虎型的人比较多，老虎就想：我射死你，所以他们把这个小苍蝇作为自己的一个目标了。

在日本的居酒屋，男厕地板上也总是尿流满地、臭气冲天，那怎么办呢？

答案：行为科学家建议在每个便池后都安装了智能机器人，每当有人小解时，机器人就会发出放映："瞄准目标，请勿侧漏。"

分析：因为日本人中蜜蜂型的人是最多的，蜜蜂比较讲究纪律。

思考：如果把这两个策略对调会如何呢？

【任务验收】

通过知识准备与业务操作的学习，你能够顺利完成任务吗？请试着将任务完成的情况或最终结论填写在表 1－17 中。

表 1－17　任务验收

序号	案例导入	完成情况或最终结论
1	什么是生涯？	
2	影响生涯的因素有哪些？	

续表

序 号	案 例 导 入	完成情况或最终结论
3	什么是职业生涯?	
4	职业生涯有何重要意义?	
5	你将如何制定自己的学业生涯规划?	
6	你了解自己的职场特质了吗?	
7	你知道如何在职场发挥自己的优势吗?	

任务四 掌握别人的母语
——了解他人，高效沟通

【案例导入】

面试中的新发现

世界500强的大公司，经常让面试者呆在一个空旷的会议室里一起做小游戏。很多面试者经常不知所措，有的人会喋喋不休地说，这类人经常是最早被淘汰的。有的人只是坐着一句话也不说，这类人也将会被淘汰。面试官就在面试者一起做游戏的时候看各个人的表现，他们不知道面试者说什么，只是观察他们在游戏的过程中有没有说、听、问这三种行为。只有在游戏的过程中同时出现这三种行为，才被认为有良好的沟通技巧，才能进入下一轮的面试，否则很快就被淘汰。

所以说当我们每一个人在沟通的时候，一定要养成一个良好的沟通技巧习惯：说、听、问三种行为都要出现，并且这三者之间的比例要协调。具备了这些，才会产生良好的沟通。

请完成以下任务：

1. 了解沟通、沟通的六要素。
2. 理解有效沟通的重要性。
3. 了解五种动物属性的沟通艺术和沟通细则。
4. 知道如何进行先天特质沟通模拟桌游。

【知识准备与业务操作】

1. 有效的沟通

互动游戏：挑战复制的成效

A公司是一家生产制造企业，主要有市场部、研发部和制造部三大核心部门。市场部负责将市场信息传递给研发部；研发部负责将市场部所提供的产品信息转述给制造部；制造部负责将研发部所转述的信息完成“制造”且需与市场部所提供的内容完全相同。

每组由市场部领取卡片，制造部领取七巧板，市场部和制造部不直接见面，双方通过研发部进行消息传递。

游戏规则：

a）沟通地点：研发部

b）只能动口，禁用工具

c）制造部门只有三次机会确认成果

d）挑战时间：15分钟，期间只要有一组完成宣告比赛结束

（1）沟通的定义

一个职业人士所需要的最重要的技能依次是：沟通的技能、管理的技能、团队合作的技能。沟通的定义：沟通是为了一个设定的目标，把信息、思想和情感在个人或群体间传递，并且达成一致的过程。

沟通的内涵：

第一，有一个明确的目标。

第二，达成一致。沟通结束以后要使双方或者多方在某一问题上达成一致，只有达成一致才叫作完成了一次沟通。“非常感谢你，通过刚才的交流我们在工作安排上达成一致，你看是这样的吗？”

第三，分享信息、传达思想、交流情感。沟通是一种分享信息、传达思想、交流情感的过程。假如你有一个苹果，我也有一个苹果，而我们彼此交换这两个苹果，那么，你我仍然是各有一个苹果；假如你有一种思想，我也有一种思想，而我们彼此交换这两种思想，那么我们每个人将各有两种思想。在工作和生活当中，要重视彼此之间思想和情感的沟通。

（2）沟通的六要素

心灵需要理解才能沟通，感情需要理智才能升华。纷争往往因误解而起，解决

之道在于沟通。沟通是一个互动的过程，沟通的过程是由各种要素组成的一个信息流动的过程。沟通由发送者（发信者）、接收者、信息、渠道、反馈和环境六个要素构成。

第一，发送者。发送者是沟通中主动的一方，将信息发送给信息接收者。发送者的主要任务是对信息的收集、加工、传递和对反馈的反应，他们最关注的是信息接收者是否收到信息，是否理解。

第二，接收者。接收者是发送者的信息传递的对象。接收者在接收、传递信息的同时，也将新的信息注入其中，并且反馈给发信息者。接收者的主要任务是接收发送者的思想和情感，并及时地把自己的思想和情感反馈给对方。

【案例阅读】

2016 年 7 月 25 日下午 1 点左右，格林豪泰东莞厚街商务酒店 715 房间客人周先生到前台退房结账。外面正下着雨，客人提出请前台服务员帮他打一下伞，他要到马路对面打出租车。当天前台值班的是两位女员工（前厅副经理和一名同事），听到客人提的要求时，前厅值班经理考虑到她们俩的个子都比较矮，不到 1 米 6，而客人个子比较高，超过 1 米 8，给客人撑伞不太方便，想到店里的销售员同事身高 1 米 78，给客人打伞比较合适。于是，前厅经理就对客人说了一句："请您稍等一下。"然后就开始打电话给销售员同事。但电话刚刚打通，客人就走了。前厅经理想叫住客人，但是客人没有回应，走远了。最后，这名客人在宾客满意度调查评分中给了 0 分评价。

（资料来源：http://doc.orz520.com/a/doc/2012/1013/2107398.html?from=haosou）

第三，信息。信息是发送者发送的内容。信息是传送者所发出的由语言与非语言两种符号组成的内容，由双方共同分享这种特殊符号带来的思想、情感和意图。

第四，渠道。渠道是信息经过的路线，是发送者发出信息，接收者接受和反馈信息的手段。渠道的主要任务是保障沟通的双方信息传递所经过的路线畅通。

第五，反馈。反馈是接收者接收发送者所发出的信息，通过消化吸收后，将产生的反应传递给发送者。反馈保证沟通参与者知道信息、思想和感情是否按他们的计划方式来分享了。在沟通中参与的人越少，反馈的机会越多；参与的人越多，反馈的机会就越少。

第六，环境。环境是沟通发生的时间、地点等条件。

【案例阅读】

美国知名主持人林克莱特一天访问一名小朋友，问他："你长大后想要当什么呀？"小朋友天真地回答："嗯，我要当飞机的驾驶员！"林克莱特接着问："如果有一天，你的飞机飞到太平洋上空所有引擎都熄火了，你会怎么办？"

小朋友想了想："我会先告诉坐在飞机上的人绑好安全带，然后我挂上我的降落伞跳出去。"当在现场的观众笑得东倒西歪时，林克莱特继续注视着这孩子，想看他是不是自作聪明的家伙。

没想到，接着孩子的两行热泪夺眶而出，这使得林克莱特发觉这孩子的悲悯之情远非笔墨所能形容。于是林克莱特问他："为什么要这么做？"小孩的答案透露出一个孩子真挚的想法："我要去拿燃料，我还要回来！"

你听到别人说话时……你真的听懂他说的意思吗？你懂吗？如果不懂，就请听别人说完吧，这就是"听的艺术"。

1. 听话不要听一半。

2. 不要把自己的意思，投射到别人所说的话上面。

（资料来源：http://www.360doc.com/content/13/0829/16/2036792_310745742.shtml）

沟通的六要素缺一不可，我们将沟通的六要素串联起来，发送者把他发送的信息通过语言、文字或肢体语言等渠道发送给接收者，接收者接到信息以后会提出一些问题，给对方一个反馈。反馈其实也是信息，在反馈的时候，接收者与发送者的角色互换，接收者变成了发送者，发送者成了反馈者的接收者。这就是一个完整的沟通过程。而这个过程发生在环境中，这六个要素，如果任何一个要素被忽略，都可能导致沟通失败。

(3) 有效沟通的重要性

第一，提高效率，化解矛盾。

任何一个决策都需要一个有效的沟通过程才能施行，沟通的过程就是对决策的理解传达的过程。决策表达得准确、清晰、简洁是进行有效沟通的前提。而对决策的正确理解是实施有效沟通的目的。每当决策下达时，决策者要和执行者进行必要的沟通，以对决策达成共识，使执行者准确无误地按照决策执行，避免因为对决策的曲解而造成的执行失误。想要完成某项工作的群体成员之间进行的交流包括：相互在物质上的帮助、支持和在感情上的交流、沟通。信息的沟通是联系群体共同目的和群体中有协作的个人之间的桥梁，良好的沟通能化解不必要的矛盾，取得事半功倍的效果。

第二，从表象问题过渡到实质问题的手段。

想要解决任何问题，只有从问题的实际出发，实事求是才能解决问题。而在沟通中获得的信息是最及时、最前沿、最实际、最能够反映当前工作情况的。当我们在学习、工作中遇见各种各样的问题时，如果单纯从事物的表面现象来解决问题，不深入了解情况，接触问题本质，会给我们带来不必要的困惑和麻烦。

个人与个人之间、个人与群体之间、群体与群体之间开展积极、公开的沟通，从多角度看待一个问题，那么在解决遇到的问题时就能统筹兼顾，未雨绸缪。甚至在许多问题还未发生时，就从表象上看到、听到、感觉到，经过研究分析，把一些不利因素扼杀掉，使我们的工作更加平稳顺利地展开和进行。

2. 沟通实务

【案例阅读】

小伙伴们一起去打猎时，对于开枪的顺序以及目的，不同的动物也会有不同的表现：

老虎：论起打鸟争第一，无论打中与否，我都要第一个开枪，会冲在前面第一个到达目的地，看到动物就想马上冲过去，不会在乎前面是否有危险。

海豚：会非常兴奋，情绪高昂，想大家一起打。可能会先叫再打，打完再叫，希望大家在欢乐的气氛中一起齐心协力把动物抓到。

企鹅：大的不敢打，小的不忍打。可能不忍心看到动物被抓住，但是为了不扫兴，也会附和大家，但可能比较不会开枪，因为会觉得动物也有生命，受伤会很心疼，不忍心打。

蜜蜂：瞄准、瞄准，再瞄准。可能会先布局，会测风速等，看会不会对子弹有影响而有所偏离，开枪前会非常谨慎，因为他们会想到做好万全准备才出手，一次击中。

八爪鱼：先观察，再出手。会先看看周围的环境、地形，会想了解一下其他人的想法和行为，看到动物出现后，也很少第一个冲出去。

（1）老虎的沟通艺术

老虎需要绝对的尊严，喜欢讲求速度、积极果断。老虎犯错了，但是他希望别人能够私底下委婉含蓄地告诉他如何做会更好。老虎在有人侵犯到他的领域和权限时，他可能会发动攻击。老虎作为属下，会希望被充分授权，没有太多限制或干扰。老虎讨厌畏畏缩缩、语焉不详、说话没重点的人。老虎无法忍受蜜蜂的啰唆，但又佩服蜜蜂缜密的思维、谨慎的行为。老虎讨厌被命令做这个、做那个。

表 1-18 老虎型人格的沟通艺术

老虎型	内　　容
听	· 不易听到自己预测之外的答案 · 烦琐的事也可能不想听完 · 只想听概要与重点
说	· 想照顾你，想教训你 · 简单，啰唆 · 豪迈，权威 · 说服你，听我说 · 常用句号、结论
问	· 探索问题时，心中常有预判的简单答案 · 质问 · 问第二次以上，容易不耐烦

(2) 海豚的沟通艺术

海豚需要别人的认同。海豚做事情总是喜欢欢乐有趣，一群人边做边玩。海豚做好一件事后，希望别人这样表扬他：在公开场合称赞他或表扬他的能力且认同他的努力及表现。海豚不是一个攻击性强的人，对方让他不愉快时，有可能会选择不再与对方说话或交往。海豚在团队中最怕孤独了，强烈需要伙伴的关心。海豚讨厌有人搞小圈圈，自己被孤立。海豚到一个新环境的时候，总是能够立即融入环境与陌生人打成一片。海豚害怕(最讨厌)接到一个必须独立完成且需要挑战的高技术性的任务。

表 1-19 海豚型人格的沟通艺术

海豚型	内　　容
听	· 一边听一边想有没有自己可以表达的机会，以至于不专心 · 严肃的内容吸收上吃力 · 有趣的、感觉的、图像的
说	· 擅用形容词 · 图像式陈述 · 交互式沟通 · 充分表达
问	· 引发共识或直接

【案例阅读】

海豚生活中的自我个性表现：

· 高龄76的阿婆，精神矍铄。又学吹笛子，上老年大学学弹琴，还买了一架钢琴。老太太腿脚不好，隔天就到医院去检查一次，却从没见她愁眉苦脸。在电脑上学英语,和孙女对话时还用英语。这么大年纪还能有这样的激情和童心,老顽童多出于此性格。当问及老太太为何对这么多事情都有兴趣,老太太回答说“好玩”。

- 海豚的父母:会很有趣味地和孩子一起趴在地上玩着积木,会让自己适时地扮演大马或小狗,和小朋友们全神贯注地游戏。
- 有错就认:小孩子般,做事情不容易控制自己,做错了事情会认错,但只要几分钟就又会故态复萌。对不愉快的事情很快遗忘,甚至眼泪还在脸上,就会说“妈妈,我想玩一下”,之后就非常开心地走了。

(3) 蜜蜂的沟通艺术

蜜蜂总是需要组织的肯定才会觉得有价值。蜜蜂非常重视程序细节,追求完美。蜜蜂讨厌做事没有章法,不守规矩,喜欢条例分明,重视质量,讲求工序。对于突然改变既定的规则章程及运作流程,蜜蜂会觉得很难接受。蜜蜂一般不会为小事生气,若真有人做出伤害他的事,他会收集齐所有的证据和处理的方法,给对方致命的一击。蜜蜂讨厌出错或面临尴尬,不喜欢在没有完全做好准备的情况下表现自己。蜜蜂评价一个人的时候,总是更看重此人的深度和专业性。蜜蜂非常尊重别人,因此也希望别人尊重他,在被人尊重的环境下,会愿意全心付出。

表 1-20　蜜蜂型人格的沟通艺术

蜜蜂型	内　　容
听	· 一边听一边思考是否有明确的根据 · 想了解事情的来龙去脉 · 希望对方能引经据典
说	· 慎言 · 有凭有据 · 讲道理
问	· 追根究底 · 怀疑倾向 · 尊重 · 客气

【案例阅读】

(1) 广告语。如果让蜜蜂来做广告创意,如一个药品,一定得要把事情说个底儿朝天的仔细,药品里含什么成分,有什么古代资料可考,成功治疗了多少人,喝了有什么效果……

(2) 天性喜欢思考。牛顿并不善于教学,他在讲授新发现的微积分时,学生都接受不了。在解决疑难问题方面的能力,他却远远超过了常人,他独自遨游于自己所创造的超级世界中。当牛顿费尽心血算出万有引力定律后,没有急于发表,而是继续孜孜不倦地深思了数年,研究了数年,埋头于数字计算中,从未对任何人讲过一句。后来,在好友大天文学家哈雷的竭力劝说下,勉强同意出版他的手稿,这才有划时代巨著《自然哲学的数学原理》的问世。

(3) 男女朋友。蜜蜂女要过生日,她一般不会直接说想要什么,而是会暗示。比如在看电视时说这个款式的项链挺喜欢的,或者哪家的餐不错……她认为经过她的暗示,心仪的他能够明白她的心思,会理解她。如果直接说出来就不完美了,破坏了那份美好。

(4) 爱质疑。对先天特质分类的理解,蜜蜂会用不足为奇和质疑的神情问:"为什么这么复杂的人可以用 5 种动物来概括区分? 为什么用这几种动物而不是其他的?"在面对新事物时,总是先怀疑。

(4) 企鹅的沟通艺术

企鹅需要伙伴的关心。企鹅很有耐心,重视合作,喜欢和谐的状态。企鹅在做事情的时候喜欢温馨和谐的环境,不分你我,合力完成。企鹅讨厌朝令夕改、差劲的计划。企鹅进入一个新环境的时候需要较长的时间适应才能融入环境。企鹅害怕充满批判攻击、到处有人说八卦及坏话的环境。企鹅不会被轻易惹毛,但容易因为累积过久的不满而一次性爆发,难以收拾。企鹅不喜欢面对冲突的场面和突如其来的重大改变。企鹅评价一个人的时候,会比较在意对方是不是务实踏实的人。

表 1-21　企鹅型人格的沟通艺术

企鹅型	内　容
听	· 容易耐心地听他人把话说完 · 认同时,表情放松,轻轻地回应 · 不认同时,保持沉默,不作回应
说	· 简短 · 含蓄地表达 · 语气平稳
问	· 很少问 · 淡淡地问 · 去头去尾

【案例阅读】

许多年不见的朋友或恋人，或是代表公司机场接机，或是久别重逢，面对出差许久不见的朋友，面对非常重要的客户时，不同的动物，会有不同的表现，可选择动物上台表演呈现，通常以海豚和企鹅作对比。

场景一：企鹅半年前被外派国外工作，公司近期开年会，派她的好朋友海豚去机场接她。海豚：在机场见到朋友时，会兴奋地主动跑过去，非常热情，握手、拥抱，替她拎箱拿包，嘘寒问暖，诉说想念。

企鹅：见到朋友心里很开心，但是表情也会亲切淡然，可能还会因为觉得朋友的表现太过夸张而惊讶或吓倒，感觉会心里不舒服，但是不会表现在脸上。

场景二：角色互换，海豚半年前被外派国外工作，公司近期开年会，派她的好朋友企鹅去机场接她。

企鹅：会走过去，表达"辛苦了"或是淡淡的想念，关心朋友累不累，然后自然地帮忙拎包，也会亲切地告诉她公司近期一切都好。

海豚：会满心期待朋友对自己的热切想念，恨不得把一切见闻都告诉对方，但可能因为朋友的淡然表现而觉得对方好像并不欢迎自己，会有失落感。

（5）八爪鱼的沟通艺术

对于八爪鱼来说，安全感非常重要，因此环境越明朗，就会感到越自在。八爪鱼在做一件事情时，喜欢有前例可考，有充足的数据和信息来源。在一个团队中，八爪鱼需要的是环境明朗，有安全感，讨厌搞不清楚状况就被迫剖析自己。进入到一个新环境的时候，八爪鱼会先观察环境的安全性再决定要不要融入环境。交代八爪鱼做事情时，要让他清楚你的想法和底线，给他足够的时间和空间收集数据，整合资源，请他在期限内完成。八爪鱼面对压力时，会采取模糊策略，以尽量不正面冲突为原则。在评判一个人的时候，八爪鱼总会看对方待人处世是否考虑周延。八爪鱼是在充分了解环境之后，与团队一起合作最有产能。

表 1－22　八爪鱼型人格的沟通艺术

八爪鱼型	内　　容
听	• 听的时候，不断横向思考 • 各种可能性、关联性 • 想找出可让对方继续话题的方法 • 想找出双方有交集之处

续表

八 爪 鱼 型	内 容
说	· 询问式 · 不易下结论 · 寻求认同 · 主题模糊
问	· 不断探询对方的看法 · 不断修正问的方式 · 同一个问题会问很多次

（6）五种动物的沟通细则

人际沟通在生活、工作中的作用比你想象的还重要，怎么重视都不过！好的沟通是适当、精准、有效，与个人语言能力、专业能力和学历关系不大。若知道你身边重要人物的性格特征，就可以知道他们的“需要”“喜欢”与“厌恶”。沟通中给他们“需要”，用他们“喜欢”的方式，规避“讨厌”的禁忌，你就可以成为沟通高手。

表 1-23 五种动物型人格的沟通细则

动物属性	需 要	喜 欢	讨 厌
老 虎			
海 豚			
蜜 蜂			
企 鹅			
八爪鱼			

【案例阅读】

· 在描述一个曾经去过的最喜欢的旅游景点时，每种动物会有截然不同的表现（常用来对比蜜蜂和海豚）：

蜜蜂：描述中会体现专业性，常有逻辑，注重用科学数据说话，不会无中生有，比较务实，重视细节，少有形容词。如："那个地方是之前去的××非常好玩。首先，那个地方有××年的历史或是有××人曾去过，每年都会吸引很多游客。其次，地理环境非常好，属于××地形，交通也非常便利，气候也非常舒服，可能是××气候吧。再次，那里不仅适合我们这些年轻人，也有适合小孩子玩耍的地方，还有方便老人散步的地方……"

海豚：描述中表情丰富，言语兴奋，注重趣味性，大量形容词，容易宏观和概括。如："那个地方非常漂亮，有山有水，清澈见底，大家一起坐船穿山而过……对了，还有各种颜色的花，特别好看……还有，还有，那里好吃的特别多，到了那里都不想离开了……相信我吧，大家一定要去哦，记得一定要吃我说的那个……"

3. 高效沟通模拟桌游

你即将开始进行一项集角色扮演、沟通方法和沟通流程为一体的"高效沟通模拟桌游"。它是在先天特质沙盘学习基础上，灵活使用所学知识，在模拟实务沟通场景下，了解他人，达到高效沟通的目标。

模拟场景概述：

在某一项目的招投标过程中，甲方为招标方，乙方为竞标方，双方沟通过程共分为会晤阶段、方案阶段和评审阶段，如双方沟通顺利最终达成协议形成合作。乙方需要在每一次沟通回合中充分了解甲方的个性特质，并根据该特质进行相应的回应，以达到高效、顺利地沟通，同时，甲方应诚实地回答自己的个性特质，以便让乙方更快地了解和知晓，最终通过三个阶段的沟通后，得分最高的乙方将脱颖而出，赢得胜利。

（1）沟通路径

沟通分为三个阶段：会晤阶段、方案阶段和评审阶段。

第一阶段：会晤阶段。

在与陌生人初次见面时，如何运用先天特质的学习，来大概判断对方的动物属性。如图1-4所示。

第二阶段：方案阶段。

考察学生在会晤阶段猜测出甲方动物属性的基础上，如何在处理事件上展现沟通能力。如图1-5所示。

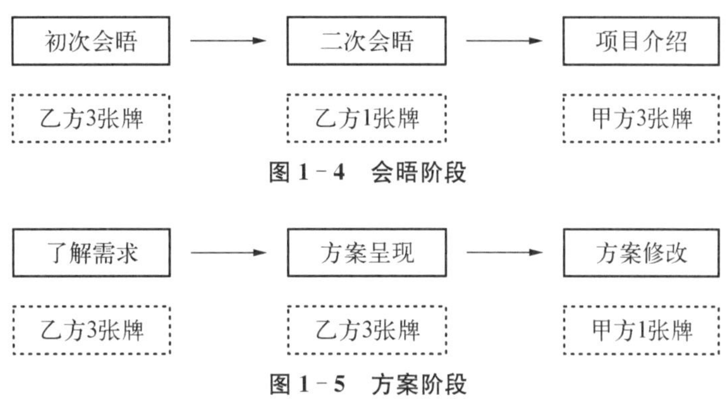

图 1－4　会晤阶段

图 1－5　方案阶段

第三阶段：评审阶段。

考察在数轮沟通后，根据先天特质所学，做出符合甲方动物特质的需求和喜欢的行为。如图 1－6 所示。

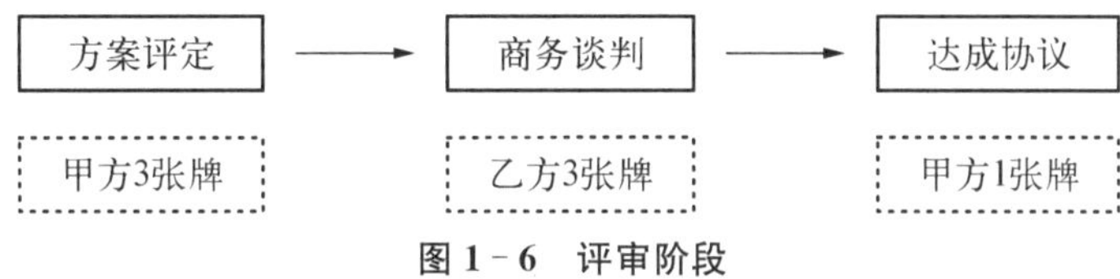

图 1－6　评审阶段

(2) 先天特质沙盘桌游过程

第一，准备开始阶段。

1) 决定身份。

建议每一桌由 5 人(或 5 的倍数)进行桌游，1 名甲方，3 名乙方，1 名裁判，每人抽取身份牌并亮出，以示确定。

2) 确定动物属性。

抽到“甲方”身份的学生将获得全部行为牌(即绿色背面)中的红色字体行为牌，并按照 5 种动物进行分类摆放。

甲方随机抽取 2 种动物属性牌作为手牌，且保密自己所选取的属性，不得让乙方知晓。在每个阶段，甲方都拥有两种动物属性。在第一阶段出牌时，甲方可自行决定自己的主属性牌，而在随后的两个阶段中，保持该主属性不变，而另一动物属性可在不同的阶段选择不同的动物属性(不能重复选择)。

比如，甲方会晤阶段决定使用老虎、海豚属性牌，可确定海豚作为主属性，老虎为副属性，那么在沟通的全部过程中，海豚属性保持不变，方案阶段和评审阶段副属性可从企鹅、蜜蜂、八爪鱼中进行选择。

3) 获得行为牌。

将全部黑色字体的行为牌洗混，由 3 个乙方分别抽取，也可采用将全部行为牌平均分为3份的方式，分别由3个乙方获得，作为各自手牌。（注：手牌即拿在手里的牌。）

小提示：拿到手牌后，乙方可以根据内容首先进行五种动物属性的分类，也可选择不分类。

4）做好积分准备。

由裁判做对应公证，记录每个阶段、步骤中三个乙方的得分情况，每走完一个阶段进行积分宣读，最后计算总得分。走完全部阶段后，得分高者为获胜方。

5）明确桌游目标。

复习巩固所学先天特质的内容所对应的行为细则、沟通细则等，同时将所学知识应用到沟通实务中去。

第二，桌游开始阶段。

1）按照案例背景提示，此次甲方和乙方的沟通流程共分为会晤阶段、方案阶段和评审阶段，如双方沟通顺利最终达成协议形成合作。

2）进行桌游时，由甲方选取动物属性开始，按逆时针方向以回合的方式进行。

3）沟通路径在第一阶段为：初次会晤——二次会晤——项目介绍。

由乙方先开始，三个乙方同时打出3张行为牌，摆放到桌游区的会晤阶段。甲方从两种动物属性中随机打出三张甲方行为牌，与乙方进行初次会晤时的沟通，即对比乙方是否符合(猜中)甲方的动物属性，全部符合记3分，每错一张扣1分。二次会晤时，由乙方先打出1张行为牌，甲方则需诚实对应1张该个性特质所属的行为牌进行回应，双方符合则记1分，不相符合则为0分。项目介绍时，由甲方首先出3张牌，乙方选取自己的行为牌与之对应，计分规则同上。（注：每一阶段，全部对应成功计7分，错1张减1分。）

4）每一阶段结束后，甲乙双方总共要出7张牌，阶段结束后，甲方收回自己的行为牌；乙方则放弃已打出的7张行为牌。因此，乙方考虑对方主属性不变的情况，确保自己手牌中对应主属性的牌足够坚持到沟通过程的结束。

5）沟通过程中，每一次出牌后，由裁判进行判定，甲乙双方是否彼此特质相互对应。

6）沟通路径在第二阶段为：了解需求——方案呈现——方案修改。

由乙方开始，首先打出3张行为牌跟甲方进行了解需求的沟通，甲方则出具体个性特质所对应的行为牌来进行回应。方案呈现时，乙方先打出3张行为牌，甲方需对应3张该个性特质所对应的行为牌进行回应。方案修改时，由甲方首先出1张牌，乙方选取自己的行为牌与之对应，计分规则同上。（注：由裁判判定，双方是否符合彼此性格特质。）

7）沟通路径在第三阶段为：方案评定——商务谈判——达成协议。

由甲方开始，打出 3 张行为牌评定乙方的方案，乙方则打出相应的行为牌来进行回应，全部符合记 3 分，每错一张扣 1 分。商务谈判时，乙方打出 3 张行为牌，甲方需对应 3 张该个性特质所对应的行为牌进行回应。达成协议时，由甲方首先出 1 张牌，乙方选取自己的行为牌与之对应，计分规则同上。（注：由裁判判定，双方是否符合彼此性格特质。）

8）甲乙方出牌没有固定规则，但乙方需要注意甲方所出的个性特质牌，尽量做到使自己所有的手牌符合甲方的个性特质。

9）只有乙方所出的行为牌符合甲方的性格特质时才可以得分。乙方要学会判断甲方的主属性，尽量让主属性所对应的行为牌能够保留至游戏结束。

10）当裁判判定第一名乙方后，第二名、第三名乙方出牌后不得修改，等待裁判进行判定，直至三名乙方都与甲方沟通判定完毕。

11）注意：在这个阶段，考察学生在理解先天特质沙盘、掌握 5 种动物的个性特质与行为细则的基础上，在实践环节跟人的见面沟通方式。因甲方的动物属性牌隐藏，所以在初次沟通时不知道对方性格特征的情况下，用首轮的三张出牌来推测甲方的动物属性，建议这三张牌不只局限于一种动物的行为。

12）会晤阶段一共分为三轮，甲乙双方在此阶段一共打出 21 张牌。在出牌的时候，尽量参照沟通路径的事件来打出自己的行为牌。

第三，游戏结束，统计得分。

三个阶段全部走完之后，计算最后总得分，得分高者为获胜方。

表 1－24　乙方桌游计分表

第一阶段	初次会晤			二次会晤	项目介绍		
计分格							
第二阶段	了解需求			方案呈现	方案修改		
计分格							
第三阶段	方案评定			商务谈判	达成协议		
计分格							

【任务验收】

通过知识准备与业务操作的学习，你能够顺利完成任务吗？请试着将任务完成的情况或最终结论填写在表 1－25 中。

表1-25 任务验收

序号	案例导入	完成情况或最终结论
1	什么是沟通?	
2	沟通的六要素是什么?	
3	如何理解有效沟通的重要性?	
4	你了解五种动物属性的沟通艺术吗?	
5	你了解五种动物属性的沟通细则吗?	
6	你知道如何进行先天特质沟通模拟桌游吗?	
7	你的团队有何领悟呢?	

项目二
企业认知规则篇

◆ 项目综述 ◆

企业是一个社会团体，要受到自身条件和内外部环境的制约。企业的生产运营要遵守各项法律规范和行业规则。我们在接受一家企业之前必须了解并熟悉这些规则，才能做到合法经营，规范操作，才能生存和发展。我们将企业的内外部环境固化为一系列简单的规则，规则源于现实，但与现实情况会略有差别，本课程中以所学规则为企业规范。

◆ 学习目标 ◆

1. 熟悉总经理的规则
2. 熟悉销售经理的规则
3. 熟悉财务经理的规则
4. 熟悉采购经理的规则
5. 熟悉生产经理的规则

◆ 重点难点 ◆

各规则的灵活运用

任务一　谁当总经理更合适
——总经理的规则

【案例导入】

谁当总经理更合适

某市外贸公司总经理赵某再过三个月就要退休了，他向上级部门推荐现任主管业务的副总经理王某接任，理由是王某是部队正团职转业来到外贸公司的，现年52岁，政策水平高，思想作风过硬，为人忠厚，从不找别人的麻烦，到公司工作16年，年年考绩都是优等；对工作公而忘私，主管业务工作中处处依靠几个部门经理，不懂的能不耻下问，从未出过工作差错。上级部门经考查后拟定王某接任。消息传到公司后，在职工中引起激烈争论，一部分人主张业务二部经理刘某出任总经理。刘某本科毕业，英语好，今年36岁，在业务二部当经理三年来，出口业务每年以40%的速度发展，工作中有开拓精神，但个性强，经常与人争论，爱讲气派，花钱大手大脚，从不做一些具体事务。由于争论很大，上级部门的意图难以落实。请回答：究竟谁当总经理合适？为什么？

请完成以下任务：

1. 了解什么是沙盘，沙盘工具有哪些。
2. 了解总经理的职责，公司有哪些职位需要人才，每个职位需要什么样的人才。
3. 了解你接手的是一家什么样的公司，股东对你有哪些要求。
4. 了解生产企业的运营流程。
5. 思考自己是否适合当总经理。

【知识准备与业务操作】

1. 沙盘结构介绍

(1) 沙盘概述

什么是沙盘? 当大家听到沙盘这两个字首先想到的是什么? 答案可能是: 军事、房地产、大富翁。沙盘最早起源于军事,目前依然是军事指挥训练的基本方式之一,在我国最早有文字记载的沙盘使用时间是在东汉时期,马援(辅佐光武帝刘秀建立东汉政权)的故事。为什么沙盘会在军事领域广泛使用,因为它直观而又贴近现实,最重要的是可以推演未来而不必担心失败和损失。因此西方商学院将沙盘引入经济领域,通过沙盘探索企业的经营管理之道。

ERP 企业经营模拟沙盘是利用沙盘让受训者在仿真的实训环境中,以企业管理者的身份,模拟真实企业的经营管理活动,使学生在参与中完成从知识到技能的转化。沙盘的各职能中心涵盖了企业运营的所有关键环节: 战略规划、资金筹集、市场营销、产品研发、生产组织、物资采购、设备投资与改造、财务核算与管理等几个部分,把企业运营所处的内外环境抽象为一系列的规则,由受训者组成八个相互竞争的模拟企业,模拟企业 6 年的经营,通过参与沙盘经营,使受训者在分析市场、制定战略、营销策划、组织生产、财务管理等一系列活动中,参悟科学的管理规律,同时也对企业资源的管理过程有一个实际的体验。

(2) 认识沙盘工具

ERP 企业经营模拟沙盘是以一套沙盘教具为载体。沙盘教具主要包括: 沙盘盘面 8 张,代表 8 家相互竞争的企业。沙盘盘面按照制造企业的职能部门划分了职能中心,分别为: 营销与规划中心、生产中心、物流中心和财务中心。各中心覆盖了企业经营的所有关键环节,是制造业企业的一个缩影。(见图 2-1)

2. 人员分组与职能定位

在沙盘实训课程中,我们将班级成员划分为 8 个团队,团队成员要技能互补、团结协作、各司其职。每个小组有五个成员担任企业的重要职位,分别是: 总经理、营销总监、财务总监、生产总监和采购总监。他们接手企业后,要对企业进行变革,进行新一轮的沙盘推演。如果班级人数少,每个小组不足 5 人,可一人身兼多职;如果班级人数多,每组多于 5 人,可给经理们配备助理职务。

(1) 总经理

总经理的要求是制定发展战略、竞争格局分析、经营指标确定、业务策略制定、全面预算管理、管理团队协同、企业绩效分析、业绩考评管理和管理授权与总结。

在企业经营过程中要作出各种决策,所以要求总经理有较强的组织协调能力和

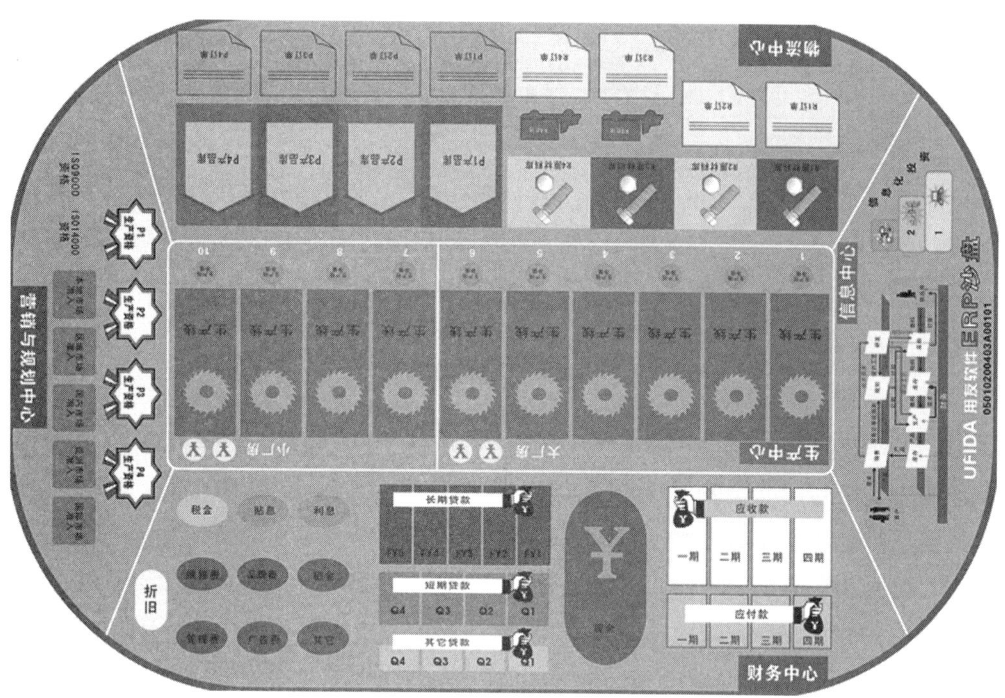

图 2-1　ERP 企业经营模拟沙盘盘面

大局观念，能够果断地针对企业所处的环境，作出有效的决策。

先由指导老师进行总经理的报名和选举，选出总经理后由其负责招聘企业的员工，成立一家企业。

（2）营销经理

营销经理负责市场调查分析、市场进入策略、品种发展策略、广告宣传策略、制定销售计划、争取订单与谈判、签订合同与过程控制、按时发货应收款管理和销售绩效分析。

企业的营销经理处在企业的最前端，谁赢得了市场谁就赢得了竞争，赢得了收益。我们在课程的始终给营销经理一个隐性的职位叫商业间谍。担任营销经理必须要有纵观全局的能力，有较强的市场分析能力和敏锐的观察力，要性格活泼，乐于沟通。

营销经理主要负责企业的市场开拓、产品研发和 ISO 认证，如图 2-2 所示。市场开拓包括：本地市场、区域市场、国内市场、亚洲市场和全球市场。产品研发包括 P1、P2、P3 和 P4 产品。ISO 认证包括 ISO9000 质量认证和 ISO14000 环境认证。

（3）财务经理

财务经理负责日常财务记账和登账、向税务部门报税、提供财务报表、日常现金

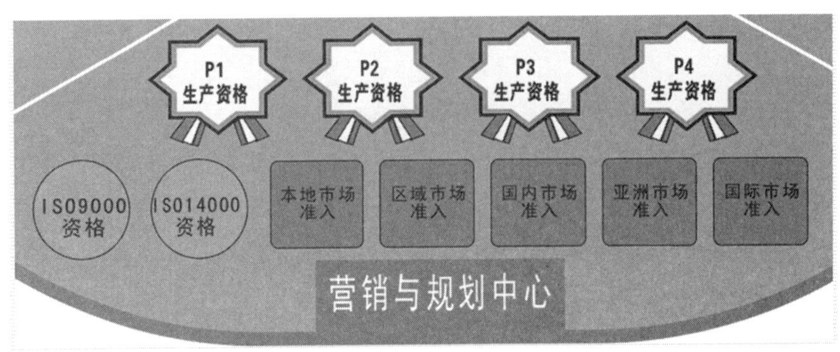

图 2-2　营销与规划中心

管理、企业融资策略制定、成本费用控制、资金调度与风险管理、财务制度与风险管理以及财务分析与协助决策。

资金是企业的命脉，财务经理掌握着企业的资金也就掌握着企业的命脉。财务经理要参与企业的重大决策讨论，比如：市场开发、广告投放、厂房购买等。财务经理除了要做好企业日常的现金收支记录，还要做好企业的资金预算。所以担任财务经理的成员要比较细心，有一定的财务知识，能够保证企业资金的正常运转。

财务经理主要负责企业的日常贷款，应收账款的管理和费用的处理，如图 2-3 所示。

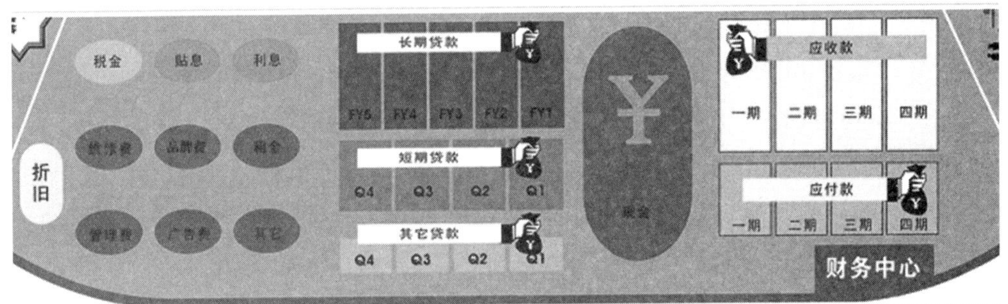

图 2-3　财务中心

(4) 生产经理

生产经理的主要职责是产品研发管理、固定资产投资、编制生产计划、平衡生产能力、生产车间管理、产品质量保证、成品库存管理和产品外协管理。

生产部门是企业利润的源头，所有的产品都是从这里生产出来的。生产部门要正确估算产能，保证按时完成销售部门的产品销量，为销售部门支付广告和争取订单提供信息支持。所以生产经理必须思路清晰，要和营销经理、财务经理和采购经理保持良性沟通。

生产经理负责大厂房、小厂房的购买、租赁和出售；负责生产线的购买、折旧、转产和变卖等操作。如图 2-4 所示。

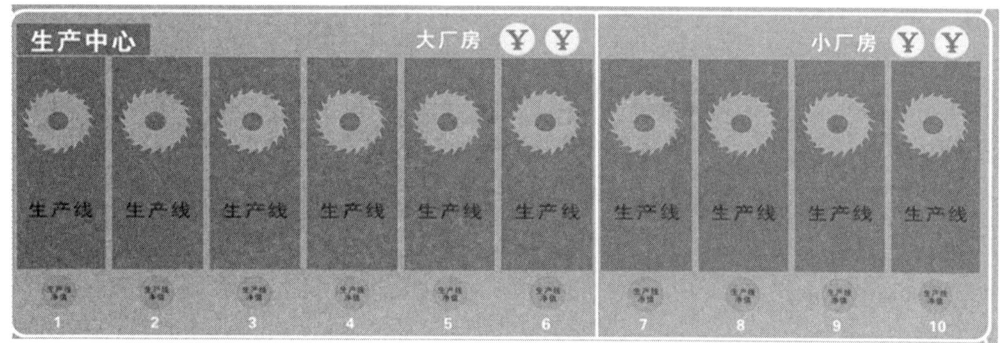

图 2-4　生产中心

(5) 采购经理

采购经理的主要职责是编制采购计划、与供应商谈判、签订采购合同、监控采购过程、到货验收、仓储管理、采购支付抉择、与财务部协调和与生产部协同。

采购部门是要及时合理地采购企业所需的原材料，保证按时准确提供材料给生产部门，保证零库存的最佳状态，如果采购出现差错，会直接影响到后续产品的生产，并进一步影响到企业的销售。所以担任采购经理的成员必须细心认真、精打细算，不能少采购原材料，造成停工待料，也不能多采购原材料，占用企业的资金，造成仓库存货过多。

采购经理负责盘面的物流中心，如图 2-5 所示。要采购企业所需的 R1、R2、R3 和 R4 四种原材料和进行 P1、P2、P3 和 P4 四种产成品的库存管理。

图 2-5　物流中心

3. 公司发展与股东期望

(1) 公司基本情况描述

本课程模拟的企业是一家成立了三年的制造业企业。该企业长期以来一直专注于某行业 P 产品的生产与经营，目前生产的 P1 产品在本地市场知名度很高，客户也很满意。同时企业拥有自己的厂房，生产设施齐备，状态良好。最近，一家权威机构对该行业的发展前景进行了预测，认为 P 产品将会从目前的相对低技术阶段发展到一个高技术阶段。

(2) 股东期望

公司董事会及全体股东决定将企业交给一批优秀的新人去发展，他们希望新的管理层：

第一，投资新产品的开发，使公司的市场地位得到进一步提升。

第二，开发本地市场以外的其他新市场，进一步拓展市场领域。

第三，扩大生产规模，采用现代化生产手段，努力提高生产效率。

4. 生产企业运营流程

总经理确定了各个岗位负责人后，首先要各个负责人熟悉并深刻理解生产企业的基本运营流程，然后按照流程进行模拟企业的经营，企业的运营流程如图 2－6 所示。

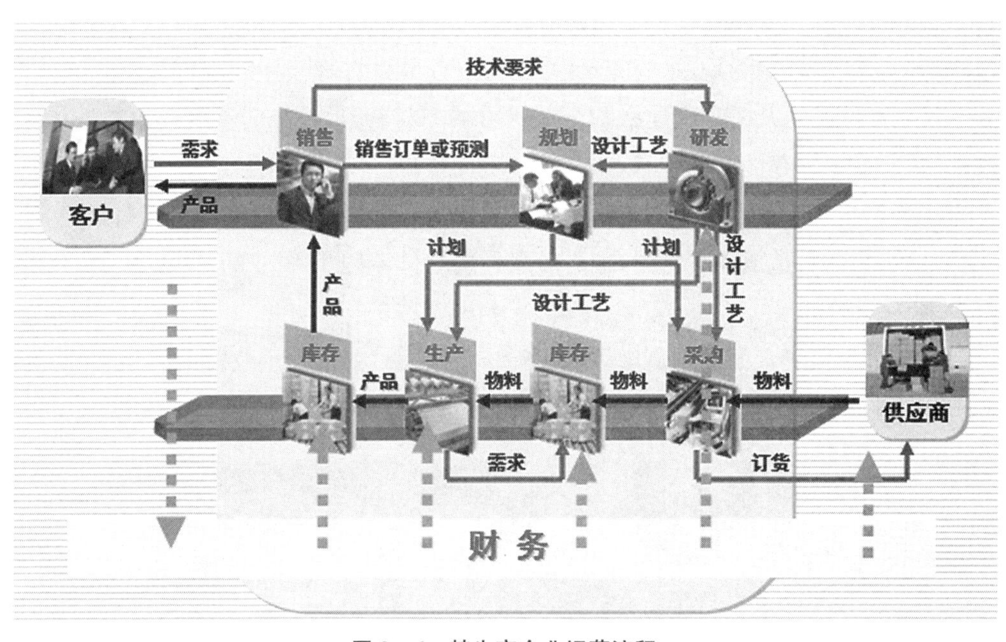

图 2－6　某生产企业运营流程

【案例阅读】

当所有人都在为沪指再次大跌而惊叫时，四川长虹昨日突然公布要面向社会、面向海内外招聘公司总经理，聘选过程将完全“市场化”。

对总经理人选，长虹提出的核心条件是“有 10 年以上企业经营管理工作经验；有 3 年以上大型企业集团高层管理任职经历；有担任企业（含子公司）主要领导经历”；并且对于人才的评定，长虹强调“由第三方专业测评机构实施测评，测评指标主要包括国际视野、战略思维、经营能力、决策能力、洞察力、开拓创新和团队凝聚等方面”。

公告发出后，为了避免外界对信息有所误读，长虹控股公司副董事长、董事会提名委员会主任刘体斌第一时间做出回应“绝不会内定”，“我们会坚持信息公开、程序公正、结果公平，一定要选聘一个最棒的总经理。长虹公司名字变了，组织结构变了，战略也变了，相应的就需要不同的人去实施。”

那么，什么样的人适合去长虹当总经理？长虹在公告中披露：“熟悉科技型企业经营管理。具有家电制造企业、互联网企业或军工企业从业经验者优先；具有国内知名院校学历或海外留学经历者优先。”

根据信息披露，我们能设想到，至少有三类人是可以挑战一下长虹总经理职位的。首先第一类人，无疑是在家电行业经营多年的职业经理人，这类人有基本的家电行业从业经验，去一个新的公司平台对他们来说也并非从零做起。从目前区域竞争力的优劣来看，无疑珠三角数家家电上市公司历练出来的行业人才，是可以在长虹一显身手的。如果你在原单位已经无继续上升的空间，不妨借此机会实现突破，附带创造一个传奇也未可知。

第二类人选，有可能是互联网行业从业者。也许有人会质疑，做互联网的不懂制造，其实这种逻辑思维显然可能会出自不懂行人士之口。事实上凭借家电制造企业数十年产业根基，最怕的不是“做”不到，而是“想”不到。

长虹前两年就提出转型互联网家庭战略，“让想象发生”一直以来是长虹的愿望，但至今现实与梦想之间仍有一段距离。相形之下，互联网从业者更有天马行空的想象力和发散的思维。设想，如果“雷布斯”去长虹当这个总经理，那会发生什么化学反应？

第三类人，年轻的创业者。按惯有的思维理解，这类人当上长虹总经理不大现实。他们都是些无经验无背景的多无人员，很难想象他们能驾驭长虹这样一个企业。但谁又能断定年轻人就一定不能带来惊喜呢？在目前国家鼓励“万众创新”的环境下，新一代的创业者可谓人才济济，也许长虹也该把目光投向这类人才。

（资料来源：http://www.bodu.com/dailymodule/blog_view.do?id=2737932）

【任务验收】

通过知识准备与业务操作的学习，你能够顺利完成任务吗？请试着将任务完成的情况或最终结论填写在表 2-1 中。

表2-1 任务验收

序号	案例导入	完成情况或最终结论
1	什么是沙盘?	
2	沙盘工具有哪些?	
3	总经理的职责是什么?	
4	公司有哪些职位需要人才?	
5	你觉得每个职位需要什么样的人才?	
6	你接手的是一家什么样的公司?	
7	股东对你有哪些要求?	
8	你了解生产企业的运营流程吗?	
9	你觉得自己适合当总经理吗?	

任务二　弃机海战术，行精品路线——销售经理的规则

【案例导入】

华为荣耀：手机的 honour 之路

手机圈中具有刚烈狼性的，当首推华为。一个民营企业，从通信设备起家，自3G 时代为销售其通信设备，开始自己造手机，却无心插柳柳成荫。又站在运营商定制的风口飞了一把，后小米互联网模式横空出世，运营商定制模式受阻。于是，任公起用余君，壮士断腕，开始转型。砍产品线，弃机海战术，行精品路线，采用“华为+荣耀”双品牌策略，研发自有芯片，经过前期的尝试和摸索，终于 P6 一炮打响，接着 P7、P8 后浪推前浪，Mate7 更是出现一机难求、深圳窜货、市场长期溢价的局面。近来 Mate S 更首次将华为手机价格推向了 4 000 元大关，即将上市的 Mate8 也让市场有所期盼。在转型初步成功后，余君断言，未来全球仅两家手机厂家可活。余君又说，小米从不是华为对手。更坦言，华为的目标是超越三星和苹果，成为世界第一。

请完成以下任务：

1. 了解新市场有哪几个，如何开发市场，开发市场的费用如何计算。
2. 了解如何进行 ISO 认证，ISO 认证需要多长时间和多少费用。
3. 了解如何进行产品研发，产品研发需要多长时间和多少费用。
4. 了解如何进行广告的投放，订单选取的规则是什么。

【知识准备与业务操作】

1. 市场开发及市场准入

市场分为五大市场，企业目前在本地市场经营，新市场包括区域市场、国内市场、亚洲市场和全球市场（见图 2－7），不同市场投入的费用及时间不同。

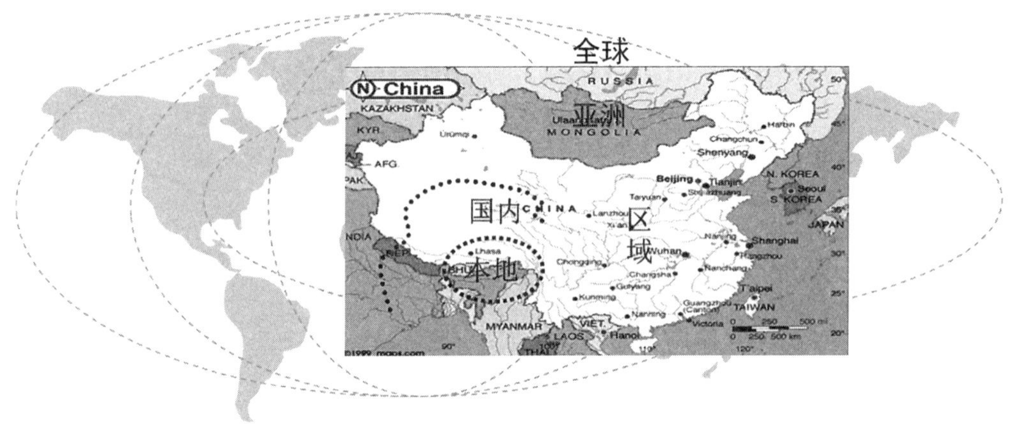

图 2－7　市场划分

市场开发投资按年度支付，允许同时开发多个市场，但每个市场每年只投资为 1 M，不允许加速投资，但允许中断。市场开发完成后持开发费用领取市场准入证，之后才允许进入该市场竞单。市场开拓费用和持续时间见表 2－2。

表 2－2　市场开拓费用和持续时间

市　　场	开 拓 费 用	持 续 时 间
区　域	1 M	1 年
国　内	1 M	1 年
亚　洲	2 M	2 年
全　球	3 M	3 年

所有已进入的市场，每年至少要投 1 M 的广告费，方可在该市场接单，否则视为当年自动放弃该市场，即当年不能在该市场销售任何产品。

例如：A 公司第一年想要开发区域市场和亚洲市场，那么第一年应该投入的开拓费用是 2 M，而不是 3 M，第二年应该投入的开拓费用是 1 M，因为亚洲市场需要持续两年时间，每年投入开拓费用为 1 M。

2. 管理体系认证

ISO 管理体系认证包括 ISO9000 环境认证和 ISO14000 质量认证，两项认证投资可同时进行，相应投资完成后领取 ISO 资格证。研发投资与认证投资计入当年综合费用。所有投资均不得加速投资，但可以随时中止或中断投资。管理体系认证所需费用和所需时间见表 2-3。

表 2-3　管理体系认证所需费用和时间

管理体系认证	所需费用	研发时间
ISO9000	2 M	2 年
ISO14000	3 M	3 年

对于已经投资完成的 ISO 认证，每年需要对市场投资 1 M 的广告费，方可在该市场上选取有 ISO 认证要求的订单，否则视为放弃该市场上 ISO 认证的资格，不能选取有 ISO 认证的订单。

例如：A 和 B 公司花费 3 年时间持续投资 3 M，获取了 ISO14000 认证资格，但是国内市场投广告时，A 公司投了 1 M 的 ISO14000 广告费，B 公司没有投 ISO14000 广告费，因此在国内市场 A 公司可以选择有 ISO14000 的订单，而 B 公司不可以。

3. 产品研发规则

新产品研发投资可以同时进行，按季度平均支付，资金短缺时可以中断，但不能加速投资。必须完成投资后方可接单，生产研发投资计入综合费用，研发投资完成后持全部投资换取产品生产资格证。产品研发规则见表 2-4。

表 2-4　产品研发规则

产品名称	开发费用	开发周期	每季费用	直接成本	产品组成
P1				2 M	R1
P2	4 M	4 Q	1 M	3 M	R1+R2
P3	8 M	4 Q	2 M	4 M	2R2+R3
P4	12 M	4 Q	3 M	5 M	R2+R3+2R4

例如：C 公司想研发 P3 产品，P3 的投资费用是 8 M，投资时间是 4 Q，每个季度需要支付 2 M 的投资费用，如果 C 公司一次性支付 8 M，是违反规则，扣 10 分。当 C 公司完成 4 Q 的投资后，方可生产 P3 产品。

4. 广告订货会议与订单规则

每年初各企业的销售经理与客户见面并召开销售会议，根据市场地位、产品广告投入、市场广告投入和市场需求及竞争态势，按顺序选择订单。

(1) 选单顺序

首先，按产品的广告投入量的多少，依次选择订单；

其次，若在同一产品上有多家企业的广告投入相同，则按该市场上全部产品的广告投入量决定选单顺序；

再次，若市场的广告投入量也相同，则按上年订单销售额的排名决定顺序；

最后，如果没有上年排名，或者上年排名相同，则谁先交广告单谁先选择订单。

(2) 订单信息

第一类订单，普通订单。普通订单在该年四个季度中的任何一个季度交货均可。订单上的应收账期表示客户收货付款的方式。例如图 2-8 中的订单，应收账期空白，则表示采用现金支付。

第5年　亚洲市场　IP4-3/3
产品数量：　4 P4
产品单价：　12M/个
总 金 额：　48M
应收账期：

图 2-8　普通订单

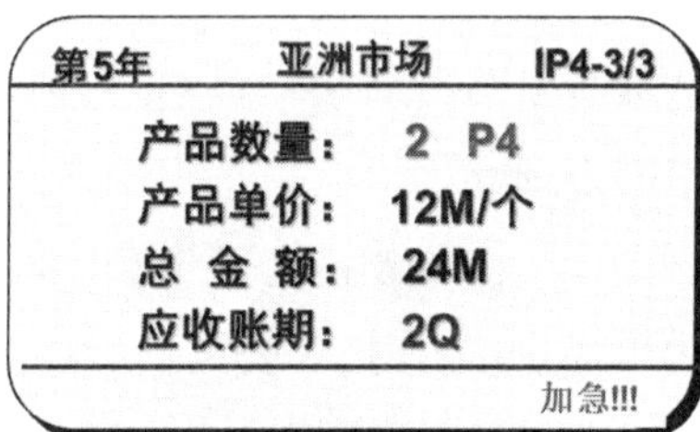

图 2-9　加急订单

第二类订单，加急订单。加急订单必须在该年的第一季度交货，若不能按时交货，会受到相应的处罚，加急订单如图 2-9 所示。

第三类订单，ISO 订单。要求具有 ISO 认证资质，并且在市场广告上投放了 ISO 广告费的公司，才可以拿这张订单。ISO 订单如图 2-10 所示。

第5年　亚洲市场　IP4-3/3
产品数量：　1 P4
产品单价：　12M/个
总 金 额：　12M
应收账期：
ISO9000　ISO14000

图 2-10　ISO 订单

(3) 订单违约处罚规则

如果不能按期交货，当年扣除该张订单总金额的 25%作为罚款，且该张订单次年必须最先交货；如果次年仍然不能交货，客户有权无条件收回该张订单。

例如，A 公司拿了图 2-10 的订单，那么在第五年必须按订单数量交货，即 1 个 P4，若不能交货，则第 6 年交货时扣除 A 公司订单金额的 25%，即 12×25%=3 M 的违约金，只能获得 9 M 的货款。

【案例阅读】

从 2011 年底华为倾力打造荣耀系列，到 2013 年底荣耀品牌独立，再到 2014 年 10 月华为荣耀裂变出“畅玩”子品牌。不到三年的时间里，华为荣耀系列手机已销至全球

100多个国家，2014年完成销售额达20亿美元。庞大的用户群和强大口碑资源让华为荣耀在手机界风生水起，成为国产手机对抗小米的劲敌。随处可见的荣耀系列形象广告，把华为从低端国产拉升到高端商务的品牌形象。荣耀品牌的目标非常明显，荣耀3发布在小米3之前，荣耀6更是和小米4死磕到底，以至于荣耀曾放言“初期将会采取不赚钱甚至亏损的激进价格”，充分显示了应对竞争对手小米的决心。但荣耀不满足仅仅成为一个狙击小米的竞争品牌，在新领域的探索，也显示了荣耀对未来的野心和信心。

2014年10月13日，华为荣耀旗下裂变出全新子品牌——畅玩。畅玩和荣耀的目标客户稍有差别，定位于比荣耀更年轻的族群，上进、乐观、自信、务实、拥有年轻心态、富有创造性的这群人是主要消费者，倡导充满正能量、敢为人先、快乐撒欢、乐于分享的生活方式，其核心理念是“快科技”——快速尝鲜、快速迭代和快乐消费。畅玩之上是荣耀品牌，相对更加理性和从容，倡导“为勇敢而生”的精神诉求，核心理念是性价比和极致体验。独立的品牌运营给了不同品牌极大的发展空间，保留母品牌、发展子品牌的双品牌策略稳中求胜，退可守，进可攻。子品牌发展不利还有老品牌“守城”，若业务发展顺利则可以迅速扩张。

相对于苹果、三星而言，华为也承认自己在部分领域存在差距。在品牌方面，余承东表示，品牌的构筑，以及消费者的信赖和认可需要一个时间；而渠道和零售方面的能力是另外一点。国外品牌中，苹果凭借一两个机型就可长期占据高端市场霸主地位，销售额和利润率秒杀国内众多厂家。每次新品发布，市场就为之震动。三星采用机海战术，产品线全面开花，多点竞争。过去的十年，在中外厂家的市场竞争中，尽管互有消涨，但至今在品牌形象、技术专利、产品体验、销售毛利等方面，国内厂家始终无法与苹果、三星匹敌，甚至难以望其项背。追赶乃至超越，还有很长的路要走。

（资料来源：http://www.cmmo.cn/article-189599-1.html）

【任务验收】

通过知识准备与业务操作的学习，你能够顺利完成任务吗？请试着将任务完成的情况或最终结论填写在表2-5中。

表2-5 任务验收

序号	案例导入	完成情况或最终结论
1	新市场有哪几个？	

续表

序号	案例导入	完成情况或最终结论
2	如何开发新市场?	
3	开发新市场的费用如何计算?	
4	如何进行 ISO 认证?	
5	ISO 认证需要多长时间?	
6	ISO 认证需要多少费用?	
7	如何进行产品研发?	
8	产品研发需要多长时间?	
9	产品研发需要多少费用?	
10	如何进行广告的投放?	
11	订单选取的规则是什么?	

任务三 准确决策与盲目投资——财务经理的规则

【案例导入】

盲目投资失败案例

张先生是曾经在上海市区开火锅店的一位老板，本想大赚一把，没想到一下子就亏了 700 多万元。现在一提起餐饮就头疼，这辈子都不想再做餐饮了。

他的火锅店装修得很时尚，一共三层楼，一二层为火锅厅，三楼是厨房、办公室、库房。营业面积 1 000 多平方米，共投入 700 多万元。

“我们过去没有做过餐饮，看到各大酒楼生意好得订不到座位。手里正好有些闲钱，于是就在汉中路租下了三层的营业新房。那时候大多数酒楼就是中餐，我认为还差一个像样的火锅店，于是就决定做火锅。没想到刚开业就碰到低价狂潮，开张就亏了。”

据介绍，他的火锅是一家特色火锅，主打菜是深海鱼，由于主菜的进价较高，所以售价相对较高，导致来酒楼就餐的人不够多，二楼常常要唱“空城计”。

张先生说他失败的原因主要在于盲目的投资，他选择了一个不适当的时候、一个竞争最激烈的地方和一个不适当的餐饮品种。

请完成以下任务：

1. 了解企业贷长期贷款有什么限制条件，利息如何计算，可贷多长时间。
2. 了解企业贷短期贷款有什么限制条件，利息如何计算，什么时间还本。
3. 了解企业可以贷高利贷吗，高利贷对于企业经营有影响吗。
4. 了解什么是资金贴现，资金贴现如何贴。
5. 了解哪些费用应该计入综合费用，税金如何缴纳，什么情况下企业宣告破产。

【知识准备与业务操作】

1. 融资贷款与资金贴现

融资的方式有四种：长期贷款、短期贷款、高利贷和资金贴现。长期贷款和短期贷款主要跟权益相关，高利贷是企业自行与银行协商，资金贴现是企业应收账款想提前到账可采取的措施，如表 2－6 所示。

表 2－6　四种融资方式

融资类型	贷款时间	贷 款 额 度	年息	还 款 方 式
长期贷款	每年年末	上年权益的 2 倍	10%	每年付息，到期还本
短期贷款	每季度初	上年权益的 2 倍	5%	到期一次还本、付息
高利贷	每季度初	与银行协商	20%	到期一次还本、付息
资金贴现	任何时间	视应收款额	1∶6	变现时贴息

(1) 长期贷款

长期贷款每年只能贷 1 次，在年末贷，每年必须按时归还利息，到期还本。本利还清后，如果还有额度，才允许重新申请贷款。即：如果本年有贷款需要归还，同时还拥有贷款额度时，应该先归还到期的贷款，后申请新的贷款。如果贷款额度已满，不允许申请新的贷款。

长贷的利息是 10%，物流沙盘操作中，要求贷款必须是 20 M 的倍数，因此如果申请 20 M 的长期贷款，每年必须付 2 M 的利息，到期还本。

例如：A 公司上年的权益为 46 M，已有长期贷款为 60 M，则今年剩余的贷款额度为 32 M(46×2－60＝32 M)。

(2) 短期贷款

短期贷款在每季度初贷，每年可以贷 4 次，贷款期限为 1 年，到期一次还本付息。本利还清后，如果还有额度，才允许重新申请贷款。即：如果本年有贷款需要归还，同时还拥有贷款额度时，应该先归还到期的贷款，后申请新的贷款。如果贷款额度已满，不允许申请新的贷款。

短贷的利息是 5%，物流沙盘操作中，要求贷款必须是 20 M 的倍数，因此如果申请 20 M 的短期贷款，每年必须付 1 M 的利息。

例如：A 公司上年的权益为 32 M，已有短期贷款为 40 M，则今年剩余的贷款额度为 24 M(32×2－40＝24 M)。

(3) 高利贷

高利贷跟短期贷款一样，在每季度初贷，每年可以贷 4 次，贷款期限为 1 年，到期一次还本付息。高利贷没有额度的限制，只要求贷款必须是 20 M 的倍数。高利贷的利息是 20%，因此如果申请 20 M 的高贷款，每年必须付 4 M 的利息。高利贷是公司不能借长期贷款和短期贷款时的一种融资贷款方式。在教学中设定借一次高利贷在最后的总分中扣 5 分。

（4）资金贴现

资金贴现在有应收款时随时可以进行，要求贴现金额是 7 的倍数，即按照 1：6 的倍数进行贴现，不论应收款期限长短，每贴现 7 M 应收账款需交 1 M 的贴现费。

例如：C 公司收到 1 张 2 Q 的 36 M 应收账款，现在急需资金贴现，则可将 36 M 拆分成 35 M 和 1 M，1 M 到期可继续拿到钱，35 M 进行资金贴现，30 M 是企业收到的现金，5 M 作为贴现，付给银行。当然我们也可以根据企业对资金的需求，将 36 M 拆分为 7 M 和 29 M、14 M 和 22 M 等。

2. 综合费用与税金

（1）综合费用

行政管理费、市场开拓、产品研发、ISO 认证、广告费、生产线转产、设备维修、厂房租金等计入综合费用，均按照实际发生额计算。

（2）税金

每年按照税前利润的 25%计算税金，并计入应付税费，并在下一年年初交纳。当税前利润为负时，不交纳所得税。具体计算公式为：

当上年权益小于 66 时：

所得税费用＝（上年权益＋本年税前利润－第 0 年末权益）×25%（取整）

当上年权益大于 66 时：

所得税费用＝本年税前利润×25%（取整）

（3）其他损失

其他损失：包括生产线变卖、订单违约金等。订单违约金按照订单总金额的 25%收取。

3. 企业破产规则

企业经营不善可能导致破产，企业出现以下两种情况之一即宣告破产：

（1）所有者权益小于或等于 0

当企业今年的所有者权益小于或者等于 0，就代表这家企业资不抵债，宣告破产了。破产的企业不参与最终的排名。

（2）企业现金断流

当企业出现资金断流时，我们可适当给企业注入资金，保证企业能够继续正常经营，但必须严格按照产能争取订单，不能扰乱市场秩序。

【案例阅读】

以辽沈战役中的一个经典故事,来说明财务人员的工作重点。

当刘亚楼来报告攻打哪里伤亡了×××人,哪里又伤亡了×××人……正继续往下说的时候,“林总指挥”不耐烦地打断了他的叙述,说道:“我不要伤亡数据,我只要塔山。”就这么一句。

恐怕很多财务人员遇到刘参谋长的尴尬,辛辛苦苦的工作成果并不是领导需要的。为避免这种尴尬,财务人员必须明了公司的战略,明了公司最核心的目标,必须揭示财务报告反映出来的这些最核心目标的进展情况。只有这样,提供的信息才是有用的,才有可能提供高质量的报告。否则,信息再多,形式再美,也不能成为高质量的报告。

【任务验收】

通过知识准备与业务操作的学习,你能够顺利完成任务吗?请试着将任务完成的情况或最终结论填写在表2-7中。

表2-7 任务验收

序 号	案 例 导 入	完成情况或最终结论
1	企业贷长期贷款有什么限制条件?	
2	利息如何计算?	
3	可贷多长时间?	
4	企业贷短期贷款有什么限制条件?	
5	利息如何计算?	
6	企业可以贷高利贷吗?	

续表

序 号	案 例 导 入	完成情况或最终结论
7	高利贷对于企业经营有影响吗?	
8	什么是资金贴现?	
9	资金贴现如何贴?	
10	哪些费用应该计入综合费用?	
11	税金如何缴纳?	
12	什么情况下企业宣告破产?	

任务四　为什么客户信誉下降了——采购经理的规则

【案例导入】

某照明公司的缺货现象

某照明公司目前由于其设计完美的产品，销售量急剧增加。公司对配件的采购需求越来越大，但生产部门经常出现配件供货短缺的情况，因而公司很难保持足够的库存，产生了缺货并造成了信誉的下降。

请完成以下任务：

1. 知道原材料有哪些。
2. 知道如何采购原材料。
3. 了解产品的构成和产品上线操作的流程。
4. 了解什么是紧急采购，紧急采购的价格如何计算。
5. 知道违约和紧急采购如何权衡。

【知识准备与业务操作】

1. 原材料的介绍

实训中我们有四种原材料，用于产品的生产，分别是 R1、R2、R3、R4，如图 2－11 所示，每种材料的价格都一样，都是 1 M。

2. 原材料的采购

原料采购需提前下达采购订单，根据上季度所下采购订单接收相应原料入库，其中 R1、R2 采购提前期为 1 个季度；R3、R4 采购提前期为 2 个季度。一个空桶表示 1 M的原料订单。

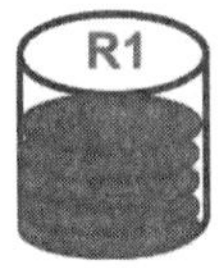

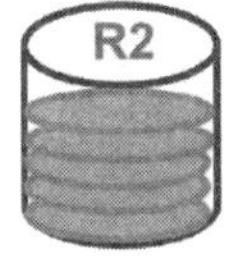

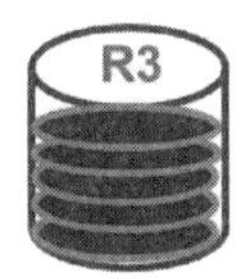

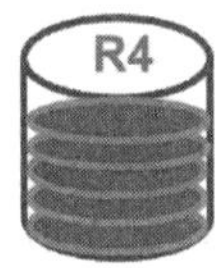

图 2－11 原材料图

表 2－8 原料采购价格和提前期

名　称	购买价格	提前期
R1	1 M/个	1 季
R2	1 M/个	1 季
R3	1 M/个	2 季
R4	1 M/个	2 季

每种原料的价格均为 1 M，原料到货后必须根据采购订单如数接受相应原料入库，并按规定支付原料款，不得拖延。

如图 2－12 所示，R1 和 R2 第 1 季度下订单，第 2 季度即可采购入库；R3 和 R4 第 1 季度下订单，第 2 季度在途，第 3 季度才能采购入库。因此 R1 和 R2 需提前一个季度下订单，R3 和 R4 需提前两个季度下订单，才能保证按时入库、按时生产。

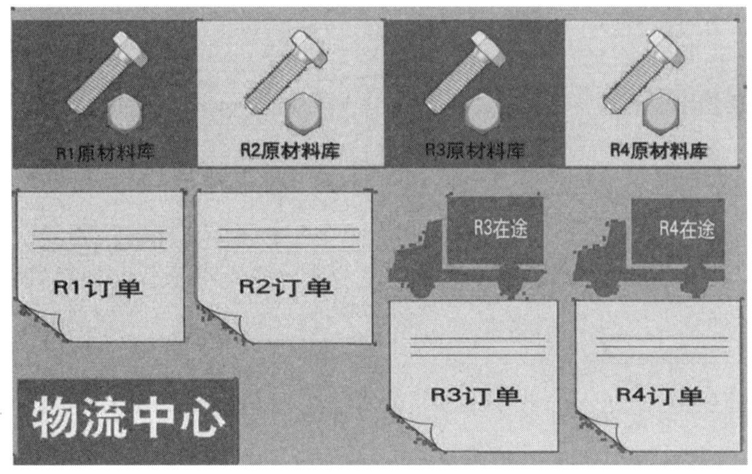

图 2－12 原材料的采购图

3. 产品的上线生产

开始生产时按产品结构要求将原料放在生产线上并支付加工费，各条生产线生产产品的加工费均为 1 M。各线不能同时生产两个产品，上线生产必须有原料，否则必须“停工待料”。

表 2-9　产品生产成本和结构

产品名称	直接成本	产品结构
P1	2 M	R1+1 M
P2	3 M	R1+R2+1 M
P3	4 M	2R2+R3+1 M
P4	5 M	R2+R3+2R4+1 M

例如：B 企业想生产 P2 产品，首先要保证有一条生产 P2 产品的空生产线，其次 R1 和 R2 原材料库至少都要有 1 个库存，最后财务要提供 1 M 的加工费方可上线生产。

4. 紧急采购

当上线生产，原材料库存不够时，就需要进行紧急采购。紧急采购原材料价格为直接成本的 2 倍。即采购 1 个 R1 需要 2 M 的费用。

例如：A 公司在第 2 季度上线生产 2P1，原材料库里只有 1 个 R1 的原材料，此时就需要紧急采购 1 个 R1，才能满足正常生产的需求。

成品也是可以紧急采购的，成品紧急采购的价格为直接成本的 3 倍。例如 1 个 P1 的成本为 2 M，紧急采购 1 个 P1 则需要 6 M。因此需要在违约和紧急采购之间做权衡。

【案例阅读】

除中国大陆宜家的价格表现略微偏高外，在全球其他市场，宜家一直以优质低价的形象出现，这得益于宜家经济的采购策略。

宜家在为产品选择供货商时，从整体上考虑总体成本最低。即以计算产品运抵各中央仓库的成本为基准，再根据每个销售区域的潜在销售量来选择供货商，同时参考质量、生产能力等其他因素。由于宜家绝大部分的销售额来自欧洲和美国，所以一般只参考产品运抵欧洲和美国中央仓库的成本。

宜家在全球拥有近 2 000 家供货商(其中包括宜家自有的工厂)，供应商将各种材料由世界各地运抵宜家全球的中央仓库，然后从中央仓库运往各个商场进行销售。这种全球大批量集体采购方式可以取得较低的价格，挤压竞争者的生存空间。

同宜家的大批量相比，拷贝者无法以相同的低价获得原材料，产品要定位低于宜家的价格，只有偷工减料或者是降低生产费用，然而降低生产费用的空间不会太大。因为宜家供货厂家由于订单的数量大，其单位生产费用、管理费用已经相当低了，且宜家在价格上所加的销售费用、管理费用也不会太高。如果没有足够的利润空间，拷贝也就没有了原动力，偷工减料的产品也无法长期同宜家竞争。

（资料来源：http://www.wangxiao.cn/wl/78667866440.html）

【任务验收】

通过知识准备与业务操作的学习，你能够顺利完成任务吗？请试着将任务完成的情况或最终结论填写在表 2－10 中。

表 2－10 任 务 验 收

序 号	案 例 导 入	完成情况或最终结论
1	你知道原材料有哪些吗？	
2	你知道如何采购原材料吗？	
3	你了解产品的构成和产品上线操作的流程吗？	
4	什么是紧急采购？	
5	紧急采购的价格如何计算？	
6	你知道违约和紧急采购如何权衡吗？	

任务五　沟通不及时，跟踪不到位
——生产经理的规则

【案例导入】

生产部门未能及时使用已经入库的物料

某大型制造企业，由于产品均属于按单制造性质，所用原料材质比较特殊，所以一直存在生产物料采购周期较长的问题，而且往往因为采购问题影响正常生产进度的地步；但与此同时，又存在着生产急需的物料已经入库却不为生产部门所知，没能及时加入生产的情况。

目前物料到厂信息只有库房能明确掌握，而物料实际入库之后，库房不会主动向生产部门提供物料到货信息，往往是由生产部门每天派专人去每个库房核实实际到货信息。这样做不仅获取信息的效率低下，生产部门在知道物料到厂之后才安排生产，生产效率也变得低下了。另一方面采购部门对物料到厂信息的跟踪也不到位，不能及时提供给生产部门物料预计到厂时间，那么生产部门就不能依据物料预计到厂时间预先排定相应的生产计划，于是往往发生物料到厂之后却没有空闲设备进行加工的情况，从而影响后续生产进度。

（资料来源：http://blog.vsharing.com/TimBlog/MC22126/）

请完成以下任务：

1. 了解企业有哪些类型的厂房，如何进行厂房的购买、租赁和出售。
2. 了解企业有哪些类型的生产线，生产线如何购买和出售。
3. 了解生产线如何维护，如何转产，如何折旧。

【知识准备与业务操作】

1. 厂房的购买、租赁和出售

企业有大厂房和小厂房两种厂房，年底决定厂房是购买还是租赁。购买后将购买价放在厂房价值处，如果是租赁厂房，则将租金放在财务费用的租金处。厂房不提折旧，租赁厂房年末支付租金，出售厂房将出售的价值计入应收款，四期后可拿到。厂房的规则如表 2－11 所示。

表 2－11　厂房购买、出售与租赁规则

厂　房	买　价	卖　价	租　金	生产线容量
大厂房	40 M	40 M(4 Q)	5 M/年	6 条生产线
小厂房	30 M	30 M(4 Q)	3 M/年	4 条生产线

每家企业最多只可以使用一个大厂房和一个小厂房，即最多拥有两个厂房。企业想要购买生产线，就必须以租或买的方式获得厂房的使用权。生产线不可以在厂房之间移动。

例如：企业 A 买了一条手工线放在了大厂房里，当企业 A 出售或者不继续租赁大厂房时，该手工线只能出售，不能移动到小厂房继续使用。

厂房可租可买，大厂房的买价是 40 M，租金是 5 M，小厂房的卖价是 30 M，租金是 3 M，企业可随时使用厂房，年底支付买价或者租金即可。购买的厂房可以随时出售，出售的价值跟买价相同，厂房出售后不能立即拿到费用，要等 4 Q 之后才能到账。

例如：B 企业在第 3 年的第 2 季度决定出售大厂房，则在该季度会收到一张 40 M，4 Q 的应收账款，第 4 年的第 2 季度这笔账款到账，现金增加 40 M。

2. 生产线的购买、维护和出售

生产线有手工线、半自动线、全自动线和柔性线 4 种，所有生产线都能生产所有产品。生产线的规则见表 2－12。

表 2－12　生产线购买、维护和出售规则

生产线	购买价格	安装周期	维护费用	残　值	生产周期
手工线	5 M	无	1 M	1 M	3 Q
半自动线	8 M	2 Q	1 M	2 M	2 Q
全自动线	16 M	4 Q	1 M	4 M	1 Q
柔性线	24 M	4 Q	1 M	6 M	1 Q

(1) 生产线的购买

投资新生产线时按安装周期平均支付投资，全部投资到位的下一个季度领取产品标识，开始生产。生产线一旦建成就不能在厂房间移动。

1) 手工线

手工线的生产周期为 3 Q，即三个季度可产一个产品。手工线的购买价格为 5 M，没有安装周期，也就是说手工线随时买随时用。

2) 半自动线

半自动线的生产周期为 2 Q，即两个季度可产一个产品。半自动的购买价格为 8 M，安装周期 2 Q，也就是说半自动线要提前两个季度购买，每个季度支付 4 M 的费用，投资完成后，将投资价值 8 M 放在生产线净值处。

3) 全自动线

全自动线的生产周期为 1 Q，即一个季度可产一个产品。全自动的购买价格为 16 M，安装周期 4 Q，也就是说半自动线要提前四个季度购买，每个季度支付 4 M 的费用，投资完成后，将投资价值 16 M 放在生产线净值处。

4) 柔性线

柔性线的生产周期为 1 Q，即一个季度可产一个产品。柔性线的购买价格为 24 M，安装周期 4 Q，也就是说半自动线要提前四个季度购买，每个季度支付 6 M 的费用，投资完成后，将投资价值 24 M 放在生产线净值处。

(2) 生产线的维护

生产线不论是否使用每年需支付 1 M 的维护费，当年出售的及当年在建的生产线不用交纳。例如企业目前拥有 3 条手工线和 1 条半自动线，则当年需要支付 4 M 的维修费，放在财务中心的维修费处。

(3) 生产线的出售

每条生产线的残值都不一样，手工线的残值为 1 M，半自动残值为 2 M，全自动残值为 4 M，柔性线残值为 6 M。出售生产线时，如果生产线净值等于残值，将净值转化为现金；如果生产线净值大于残值，将相当于残值的部分转换为现金，将差额部分作为费用处理(入综合费用的“其他”)。

3. 生产线的转产

购买新的生产线时会附赠产品标识，想要更换生产线的产品标识即为转产。现有生产线转产生产新产品时可能需要一定转产周期并支付一定转产费用，最后一笔支付到期一个季度后方可更换产品标识。如表 2-13 所示。

手工线和柔性线转产周期无，转产费用无，即手工线和柔性线可以随时更换产品标识，只要生产线空了，下一批次可以生产其他的产品，只要更换产品标识即可，无须

表 2-13　生产线转产规则

生产线	购买价格	转产周期	转产费用
手工线	5 M	无	无
半自动线	8 M	1 Q	1 M
全自动线	16 M	2 Q	4 M
柔性线	24 M	无	无

停产，无须费用。

半自动线转产周期为 1 Q，转产费用为 1 M，即半自动线更换产品标识，需要停产 1 个季度，支付 1 M 的转产费，方可进行下一轮产品的生产。

全自动线转产周期为 2 Q，转产费用为 4 M，即全自动线更换产品标识，需要停产 2 个季度，每个季度支付 2 M 的转产费，方可进行下一轮产品的生产。

4. 生产线的折旧

生产线的折旧计提到残值为止；当年建成的生产线和当年卖出的生产线不提折旧；当生产线净值等于残值时，不提折旧，但可以继续使用。每年按生产线净值的 1/3 取整计算折旧；当生产线净值小于 3 M 时，每年提 1 M 折旧。为简化计算，列出生产线折旧的规则，如表 2-14 所示。

表 2-14　生产线折旧规则

生产线	购买价格	残值	1 年	2 年	3 年	4 年	5 年	6 年
手工线	5 M	1 M	0	1 M	1 M	1 M	1 M	0
半自动线	8 M	2 M	0	2 M	2 M	1 M	1 M	0
全自动线	16 M	4 M	0	5 M	3 M	2 M	2 M	0
柔性线	24 M	6 M	0	8 M	5 M	3 M	2 M	0

例如，C 公司有三条手工线，一条半自动线，已使用了 3 年，则第 4 年的折旧费用为 4 M(3×1+1=4 M)；B 公司有两条手工已使用 2 年，一条半自动使用 2 年，一条全自动使用 3 年，1 条柔性今年新建，则 B 公司今年的折旧费为 6 M(1×2+2×1+2×1+0+0=6 M)。

【案例阅读】

严律制造有限公司聘生产部经理，有三人前来应聘。情况如下：老张是生产部调度，在该岗位上工作已有数年，车间人员、设备情况都比较熟，同事之间，上下级之间关系好，缺点是现代化管理底子较差，计算机应用能力较弱，新知识学习起来难度较大。大王由子公司刚调入不久，在子公司干过生产部副经理，业务较熟，能力也不错。但其之前十年跳了三次槽，人际关系处理欠妥。小李是进厂五年的大学生，从事制作现场技术服务工作，人际关系较好，与生产部接触较多，应聘报告写得较好，但人比较年轻，未干过经理工作。假如你是老总，你会用谁？

【任务验收】

通过知识准备与业务操作的学习，你能够顺利完成任务吗？请试着将任务完成的情况或最终结论填写在表 2-15 中。

表 2-15 任务验收

序号	案例导入	完成情况或最终结论
1	企业有哪种类型的厂房？	
2	如何进行厂房的购买、租赁和出售？	
3	企业有哪些类型的生产线？	
4	生产线如何购买和出售？	
5	生产线如何维护？	
6	如何转产？	
7	如何折旧？	

项目三 企业认知实战篇

◆ 项目综述 ◆

在企业认知沙盘模拟运营中，各企业不知道如何在沙盘盘面上操作，会出现手忙脚乱的现象。本项目的主要目的是解决学生初次接触沙盘时的操作问题，按照企业运营流程，模拟企业日常经营的主要工作。运营流程分为年初工作、年中工作和年末工作，带领各企业体验教学年的操作流程后，让各企业自主经营模拟企业 6 年，亲身体验制造业企业的工作流程。

◆ 学习目标 ◆

1. 了解团队工作的重要性
2. 掌握企业沙盘的工作流程
3. 熟悉企业年初工作内容
4. 掌握企业年中的工作任务
5. 熟悉企业年末的安排

◆ 重点难点 ◆

1. 企业沙盘的工作流程
2. 年末工作编制利润表和资产负债表

任务一　心与心的和谐
——组建高效的团队

【案例导入】

心与心和谐的奥妙所在

某地有两家相距不远的工厂。甲工厂学习、生活、工作的环境非常不和谐，员工们经常为鸡毛蒜皮的小事吵架，人人相互戒备，都过得很累；而乙工厂的员工们彼此之间则相互坦诚，相互尊重，个个笑容满面，心情愉快和开心。甲工厂的老板看到乙工厂的员工们天天和睦相处，内心非常羡慕，却又不知其中奥妙所在。于是，有一天他特地来到乙工厂想找乙工厂老板讨教，在接待大厅他向接待员讨教秘方。

甲工厂的老板问："你们有什么好办法使工厂里一直保持和谐愉快的气氛呢？"那位普通接待员不假思索地回答："因为我们经常做错事。"正当甲工厂的老板感到疑惑不解时，忽见一员工从外面回来，走进大厅时不慎摔了一跤。这时，正在扫地的勤杂人员立刻跑过来，一边扶他一边道歉："真对不起，都是我的错。把地板拖得太湿，让你摔着了，向你真诚地道歉。"站在大门口的值班员见状也跑过来说："不，都是我的错，没有及时地提醒你大厅里正在拖地板还没有干，应该小心点。"摔跤的员工听后没有一句抱怨的话，更没有指责任何人，只是自责地说："不，不是你们的错，是我的错。都怪我自己太不小心了……"

看到了这一幕，甲工厂的老板恍然大悟，他终于明白了乙工厂的员工们和睦相处的奥妙所在。

"心与心的和谐"，是一个群体，一家企业，也是一个国家的凝聚力的基础。俗话说"人心齐，泰山移"，就是这个道理。

（资料来源：http://bbs.tianya.cn/post-230-12548-1.shtml）

请完成以下任务：

1. 进行企业的分组和角色分工。
2. 各职位挂牌上岗。
3. 设计企业的名称、标志和愿景目标。
4. 完成团队游戏。

【知识准备与业务操作】

1. 分组

随机或者有目的地将学生分组，可将一个班学生分为6—8组，每组5—6个人。这样，教学课堂上就出现了6—8家相互竞争的模拟企业。

2. 角色分工

每个虚拟企业内容，可通过竞聘、游戏等方式，推选出该企业的总经理CEO，然后在CEO的带领下，确定其他职位，包括销售经理、财务经理、采购经理和生产经理。6个人一组的企业可增加财务助理职位。

3. 挂牌上岗

模拟企业内部各角色按一定位置就座，挂牌上岗。上岗后每个角色人员要明确自己的身份、清晰自己的岗位职责和所需掌握的规则。销售经理操作的盘面为营销与规划中心；财务经理和财务助理操作的盘面为财务中心；采购经理操作的盘面为物流中心；生产经理操作的盘面为生产中心。各角色座位如图3-1所示。

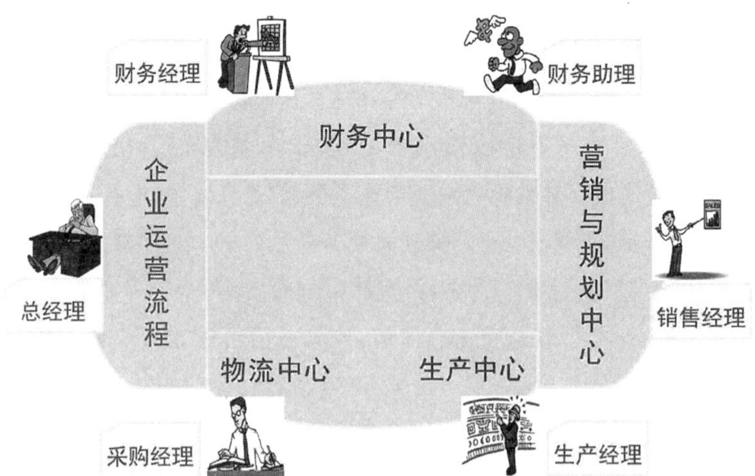

图3-1　各角色座位图

4. 共建企业文化

在CEO的带领下，各模拟企业为自己的企业命名，设计企业的标志，代表本企业发表就职宣言，确定本企业的宗旨和愿景目标。

5. 团队游戏

(1) 游戏背景介绍

八月上旬某一天的上午十点钟，你乘坐的飞机迫降在美国亚里桑纳州索纳拉大沙漠中。飞行员已经遇难，其他人均未受伤，机身严重毁坏，将会着火燃烧。

在飞机迫降前已获知，飞机迫降地点距离原定目标位置100千米左右。离飞机迫降点大约80千米附近有个村落。你所在的沙漠相当平坦，除了偶见一些仙人掌外，可说是一片不毛之地，日间温度约45℃。你们穿着T恤衫、短裤和教练鞋，每个人都带有手帕。你们总共有50美元现金、一盒烟和一支圆珠笔。

飞机即将燃烧，机上有15件物品，性能良好，现要求你们对这些物品按重要性排序，如果只能抢救出其中的5项，你们会选择什么？

首先是个人分别单独将这些物品按对你生存的重要性排序，不得与其他人讨论，时间为5分钟。然后你把你的排序情况与小组其他人员进行讨论，并得出小组一致同意的“排序”。这一步骤时间为10分钟。机上幸存者与你们组人数相同。假设大家选择共进退，不会分开各走各路。

(2) 各组任务

各组(团队)有未达成一致结果，打算怎样摆脱现在的困境？

最终达成的前5项结果如何？理由是什么？

团队内部有无不同意见，团队是如何处理不同意见的？

个人意见和他人意见冲突时，你是如何处理的？

(3) 飞机上物品清单

1) 手电筒(4节电池大小)

2) 迫降区的地图

3) 每人一公升水

4) 降落伞(红白相间)

5) 每人一副太阳镜

6) 指南针

7) 手枪和6发子弹

8) 书——《沙漠里能吃的动物》

9) 塑料雨衣

10) 每人一件外套

11) 1升伏特加酒

12) 急救箱

13）折刀

14）一瓶盐片(1 000 片)

15）化妆镜

表 3－1　选择物品清单

重要性排名	物品编号	
	个人排序	小组排序
1		
2		
3		
4		
5		
6		
7		
8		
9		
10		
11		
12		
13		
14		
15		

(4) 计算得分

根据您选定的最重要的前 5 项物品编号,对照下表对应关系,累加得分。

表 3－2　所选物品得分表

物品编号	得分	物品编号	得分
1. 手电筒(4 节电池大小)	4	9. 塑料雨衣	7
2. 迫降区的地图	12	10. 每人一件外套	2
3. 每人一公升水	3	11. 1 升伏特加酒	14
4. 降落伞(红白相间)	5	12. 急救箱	10
5. 每人一副太阳镜	9	13. 折刀	6
6. 指南针	11	14. 一瓶盐片(1 000 片)	15
7. 手枪和 6 发子弹	8	15. 化妆镜	1
8. 书——《沙漠里能吃的动物》	13		

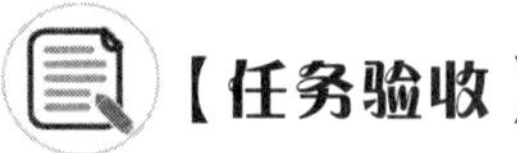

通过知识准备与业务操作的学习，你能够顺利完成任务吗？请试着将任务完成的情况或最终结论填写在表 3 - 3 中。

表 3 - 3 任务验收

序号	案例导入	完成情况或最终结论
1	你完成企业的分组和角色分工了吗?	
2	各职位挂牌上岗了吗?	
3	设计好企业的名称、标志和公司愿景目标了吗?	
4	完成团队游戏了吗?	
5	对于团队建设你有何感想呢?	

任务二 临危受命，扭亏为盈
——模拟企业初始状态设定

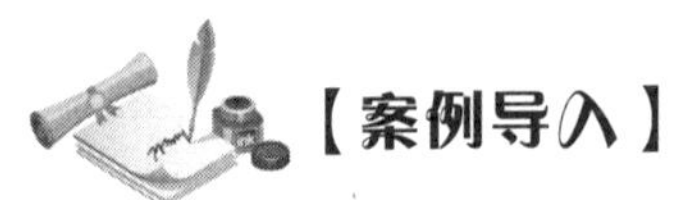

【案例导入】

临危受命：接手麻烦缠身的连锁巨舰 Sobeys

前 Canadian Tire 首席执行官 Michael Medline，2016 年 7 月份突然被人取代，开始赋闲在家。可是“好”日子突然来临了，麻烦缠身的连锁超市巨头 Sobeys 决定任命他为新的首席执行官，Sobeys 的母公司 Empire 寄希望于他能够扭转颓势。

就在 Medline 卸任 Canadian Tire CEO 的同一个月，连锁超市业老兵 Marc Poulin 离任 Empire CEO，随后 Medline 到 Sobeys 上岗了。Marc Poulin 留下的可是一个烂摊子，三年前 Sobeys 花了 59 亿加币并购了 Safeway，三年后的 2016 财年，Empire 净亏损 21.3 亿加币，公司第三季度和第四季度分别计提了资产减值准备，这相当于半个 Safeway 亏没了。

目前 Marc Poulin 在 Empire 的位置，被公司前任 CFO Francois Vimard 暂时取代。但看起来，情况还在变糟。截至 2016 年 11 月 5 日，第二季度调整后的利润下跌了 70%，销售额下降 2%至 59 亿加币，同样的，店面每平方尺销售，扣除水电后，下跌 2.6 个百分点。

（资料来源：http://www.sohu.com/a/124290886_119759）

请完成以下任务：

1. 完成生产中心厂房、生产线和在制品的期初状态设定。
2. 完成物流中心原材料、订单和产成品的期初状态设定。
3. 完成财务中心现金、应收账款和长期贷款的期初状态设定。
4. 完成营销与规划中心生产资格和市场准入的期初状态设定。

【知识准备与业务操作】

1. 生产中心初始状态

(1) 厂房

企业目前拥有1个大厂房,价值40 M。40 M的币值放在生产中心右上方的大厂房处,代表该厂房是企业购买的,属于企业的固定资产。(见图3-2)

(2) 生产线

企业有3条手工线,1条半自动线。大厂房1—4号线的位置上,按顺序放置3条手工线和1条半自动线,4条生产线都是生产P1产品,每条生产线下方的标识位置都放置1个P1标识。手工线的净值是3 M,半自动线的净值为4 M,分别放在生产线标识的下方。(见图3-2)

(3) 在制品

每条生产线都是生产P1产品,每个P1由价值1 M的1个R1原材料和1 M的加工费组成。企业有4个P1的在制品,每个P1价值2 M,共8 M,分别位于生产线的不同生产周期。第1条手工线的P1在制品位于1 Q的位置,第2条手工线的P1在制品位于2 Q的位置,第3条手工线的P1在制品位于3 Q的位置,半自动线的P1在制品位于1 Q的位置。(见图3-2)

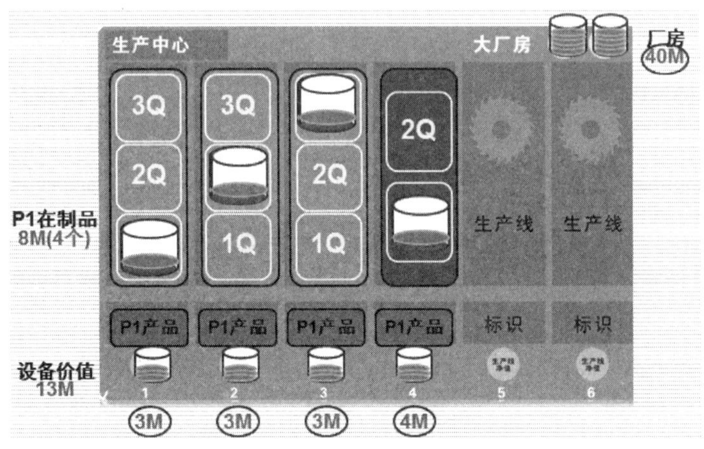

图3-2 生产中心的初始状态

2. 物流中心初始状态

(1) 原材料库

企业原材料库里有3个R1原材料,每个原材料价值为1 M,共计3 M。(见图3-3)

(2) 订单

企业订单处有2个R1的订单,订单是没有价值的,订单入库时需要付采购材料的款项，才能采购入库。沙盘盘面上 R1 订单处放 2 个空桶，即代表有 2 个 R1 的订单，下个季度可采购入库的数量为 2。（见图 3 - 3）

（3）产品库

企业成品库里有 3 个 P1 产品已完工，每个 P1 价值 2 M，共计 6 M。（见图 3 - 3）

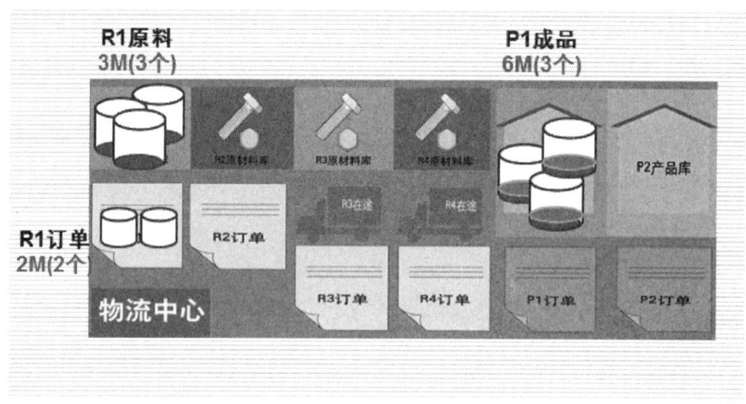

图 3 - 3　物流中心初始状态

3. 财务中心初始状态

（1）现金

企业有一桶现金，价值 20 M，放在财务中心的现金处。（见图 3 - 4）

（2）应收账款

企业有 15 M 的应收账款，账期为 3 Q。（见图 3 - 4）应收账款是以季度为单位，应收账期为 3 期，代表 3 个季度之后企业可以收到这笔款项。

（3）长期贷款

企业目前有 5 年到期的长贷 20 M，4 年到期的长贷 20 M，共计长期贷款 40 M。长

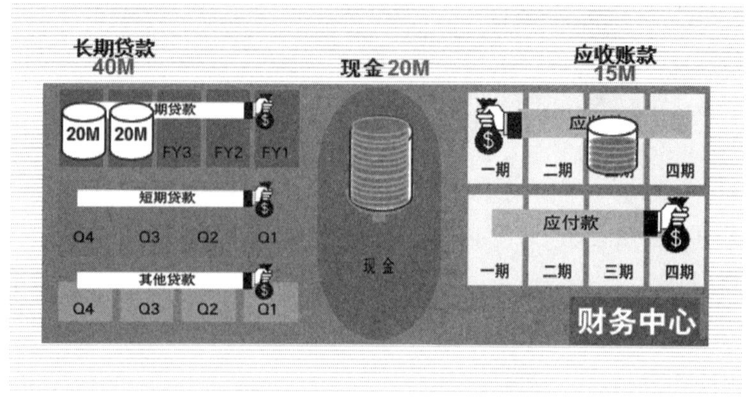

图 3 - 4　财务中心初始状态

期贷款是以年为单位，贷款最长可借款 5 年，越靠近现金，离还款日越近。（见图 3－4）

4. 营销与规划中心初始状态

企业已取得 P1 产品生产资格，拥有本地市场的市场准入证。本地市场准入和产品生产资格分别放在营销与规划中心对应的位置。（见图 3－5）

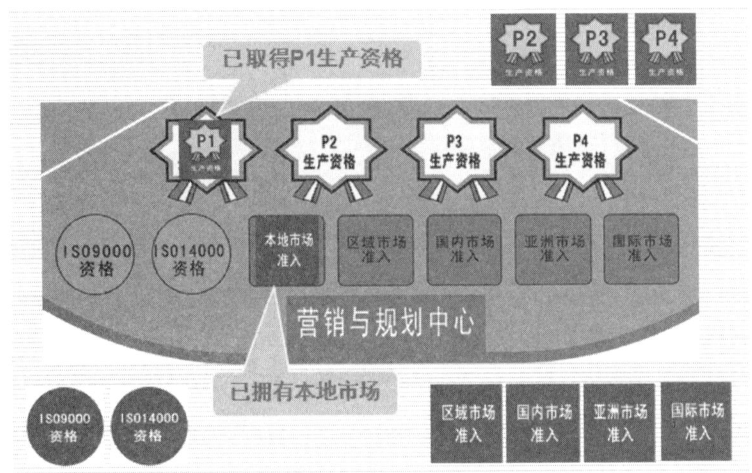

图 3－5　营销与规划中心初始状态

5. 最终企业初始状态盘面

所有初始状态设置完成后，模拟企业的初始状态盘面如图 3－6 所示。盘面内容包括：大厂房价值 40 M；生产线 4 条，3 条手工线，1 条半自动线，价值分别为 3 M、3

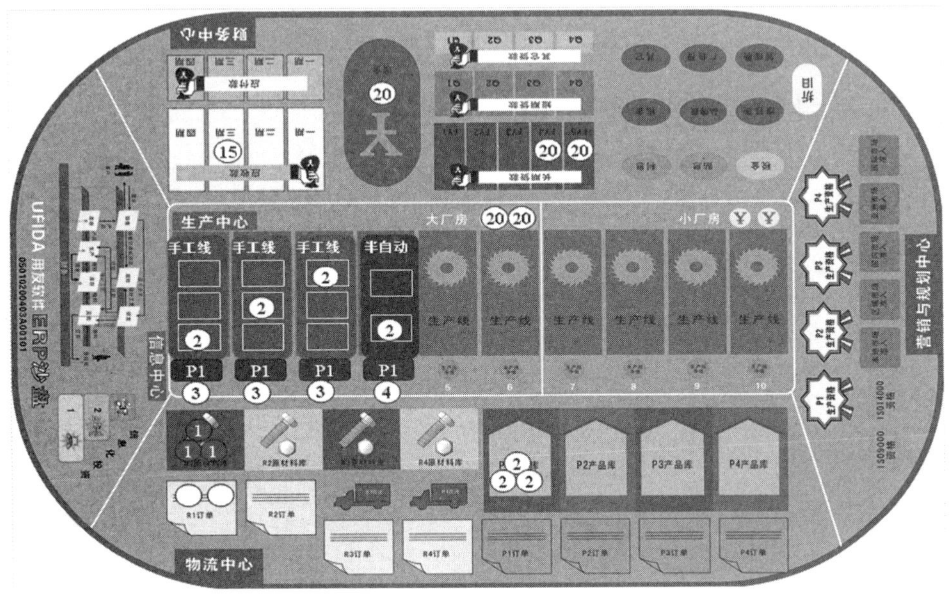

图 3－6　企业初始状态盘面

M、3 M和 4 M，共计 13 M；生产线上 4 个 P1 的在制品，分别在生产线的 1 Q、2 Q、3 Q 和 1 Q 的位置，价值 8 M；3 个 R1 的原材料，价值 3 M；3 个 P1 的产成品，价值 6 M；现金 20 M；应收账款 3 Q，价值 15 M；长期贷款 5 年期的 20 M，4 年期的 20 M。

【任务验收】

通过知识准备与业务操作的学习，你能够顺利完成任务吗？请试着将任务完成的情况或最终结论填写在表 3－4 中。

表 3－4　任务验收

序号	案例导入	完成情况或最终结论
1	完成生产中心厂房、生产线和在制品的期初状态设定了吗？	
2	完成物流中心原材料、订单和产成品的期初状态设定了吗？	
3	完成财务中心现金、应收账款和长期贷款的期初状态设定了吗？	
4	完成营销与规划中心生产资格和市场准入的期初状态设定了吗？	
5	企业初始状态设定正确吗？	

任务三　释放压力，放飞心情
——企业沙盘年初工作内容

【案例导入】

消费品公司的年初会议

一家大型消费品公司的最高管理部门正在筹备它的年度计划会议，管理部门正是在这种会议上确定出该公司的重大问题、安排先后次序并为制定详细的计划规定指导方针和政策的。在举行会议前，每一个职能部门的管理人员都奉命从自己部门的角度来确定该公司所面临的唯一的重大问题。最高管理部门将根据每个职能部门管理人员提出的问题拟出公司的一批问题，并把它们按次序排列好。该公司的七个职能部门是：生产部、人事部、销售部、职员培养和训练部、财务部、法律顾问和工程部。每一个职能部门都由一些下属单位组成，每一个职能部都将根据计划会议提出的年度计划展开活动。

（资料来源：http://www.doc88.com/p-9542700428670.html）

请完成以下任务：

1. 召开新年度规划会议。
2. 参加订货会和登记销售订单。
3. 制定新年度计划。
4. 支付应付税。
5. 支付利息，更新长期贷款和申请长期贷款。

【知识准备与业务操作】

1. 新年度规划会议

新的一年开始，CEO 要召集全体成员召开新年度规划会议，要研究市场预测，制定企业今年的经营战略，包括：企业想进入哪些市场，想开发哪些产品，想投资什么样的生产线，是否需要进行 ISO 认证，企业的融资策略是什么，企业今年的市场投入(广告)策略是什么？生产经理需要准确计算今年的产能，采购经理需要准确告知库存数量，方便下一步在市场上接单。开完新年度规划会议，在运营流程表上打√，如表 3－5 所示。

表 3－5　运营流程表“新年度规划会议”栏

新年度规划会议	√			

2. 参加订货会和登记销售订单

销售收入是企业最主要的资金来源，销售产品唯一的途径就是参加订货会，争取销售订单。参加订货会就要在目标市场投放广告，只有投放了广告，企业才有资格在该市场上争取订单。

(1) 提交广告订单登记表

开完新年度规划会议之后，各企业以销售经理为代表，填好本企业的广告订单登记表，准备参加订货会。起始年各组广告投放一致，即各组均在本地市场投放 1 M 产品 P1 的广告费，如表 3－6 所示。

表 3－6　各组投放广告情况

第 0 年本地				第 1 年本地				第 2 年本地				第 3 年本地			
产品	广告	9 K	14 K	产品	广告	9 K	14 K	产品	广告	9 K	14 K	产品	广告	9 K	14 K
P1	1 M			P1				P1				P1			
P2				P2				P2				P2			
P3				P3				P3				P3			
P4				P4				P4				P4			

第 4 年本地				第 5 年本地				第 6 年本地			
产品	广告	9 K	14 K	产品	广告	9 K	14 K	产品	广告	9 K	14 K
P1				P1				P1			
P2				P2				P2			
P3				P3				P3			
P4				P4				P4			

（2）参加订货会

提交了广告订单登记表之后，各销售经理参加订货会，选择销售订单，起始年每个企业均可获得一张订单，如图3－7所示。

（3）登记销售订单

各企业销售经理将获得的订单登记在订单登记表中，见表3－7。订单登记表中有订单号、市场、产品、数量、单价、账期、销售额、成本、毛利和未售几个项目。订单号是订单右上方的字数数字组合，按照自己真实拿到的订单号填写，如图3－7所示，订单号为：LP1－1/6。市场即为本地市场；产品是P1；数量为6个；账期是2Q；销售额为32M；成本是12M，1个P1的成本是2M，6个P1成本为12M；毛利为销售额减去成本，32－12＝20M；未售一般不用填写，如果当年的订单没有按时完成，则在未售栏打√，将改订单登记到下一年的订单登记表中，并付25％的违约金。

第0年　本地市场　LP1-1/6

产品数量：6　P1

产品单价：5.3M/个

总 金 额：32M

应收账期：2Q

图3－7　起始年订单

表3－7　订单登记表

订单号						合　计
市　场						
产　品						
数　量						
单　价						
账　期						
销售额						
成　本						
毛　利						
未　售						

（4）支付广告费

登记好销售订单后，财务经理在参加订货会/登记销售订单这栏写－1，表示支付了1M的广告费，见表3－8。财务经理应从现金库中拿出1M放在沙盘盘面的“广告费”处。

表3－8　运营流程表“参加订货会/登记销售订单”栏

参加订货会/登记销售订单	－1			

3. 制定新年度计划

企业根据刚刚获得的订单，重新召开全体会议，对年初新年度规划会议的规划进行新一轮的调整。会议开完，则在新年度规划会议这栏打√。（见表 3 - 9）

表 3 - 9　运营流程表“制定新年度计划”栏

制定新年度计划	√			

4. 支付应付税

依法纳税，是每个公民的义务。企业在年初应该支付上年应交的税金。起始年根据上一年的利润表和资产负债表的有关数据，今年年初应该支付 1 M 的应付税。

财务经理应从现金库中拿出 1 M 放在沙盘盘面的“税金”处，并在支付应付税这栏填写－1，表示支付了 1 M 的应付税。（见表 3 - 10）

表 3 - 10　运营流程表“支付应付税”栏

支付应付税	－1			

5. 支付长期贷款利息

为了企业的发展，财务经理借入了 40 M 的长期贷款，贷款的年利率为 10%，计算本年应支付的利息为 4 M(40×10%＝4 M)。

财务经理应从现金库中拿出 4 M 放在沙盘盘面的“利息”处，并在支付长贷利息这栏填写－4，表示支付了 4 M 的应付税。（见表 3 - 11）

表 3 - 11　运营流程表“支付长贷利息”栏

支付长贷利息	－4			

6. 更新长期贷款/长期贷款还款

企业借入 40 M 的长期贷款，其中 20 M 是 5 年期的，20 M 是 4 年期的。此时财务经理将两桶长期贷款往库存现金库方向推进一格，表示偿还期限缩短一年，推进后，一桶长期贷款为 4 年期的，另一桶为 3 年期的。还没到还款时间，此处只需在更新长期贷款/长期贷款还款这栏打√（见表 3 - 12），表示已经更新过。

表 3 - 12　运营流程表“更新长期贷款/长期贷款还款”栏

更新长期贷款/长期贷款还款	√			

7. 申请长期贷款

财务经理想要申请长期贷款时，在贷款有余额的情况下，可在这栏进行操作，起始年我们是不申请贷款的，在申请长期贷款这栏打×（见表 3 - 13），表示不申请。以后年度在有余额时可申请。

表 3 - 13　运营流程表“申请长期贷款”栏

申请长期贷款	×			

【案例阅读】

总经理新接手了一家公司，年初开会时，会议上制定了企业工作原则和工作目标，希望各位员工能够在本企业快乐地工作。

企业工作原则：每个人都敞开心扉，接纳多方观点；每个人都应最大限度地参与企业活动；为企业营造一个自由发表意见的环境；欢迎不同意见，但遇到不同意见，要积极沟通，避免矛盾；每个人的观点都有价值，应得到尊重。

企业工作目标：增强成员的抗压能力；提高团队的凝聚力；加强成员之间的沟通交流。

【任务验收】

通过知识准备与业务操作的学习，你能够顺利完成任务吗？请试着将任务完成的情况或最终结论填写在表 3 - 14 中。

表 3 - 14　任 务 验 收

序 号	案 例 导 入	完成情况或最终结论
1	完成新年度规划会议了吗？	
2	参加订货会了吗？	
3	完成登记销售订单了吗？	
4	有没有支付应付税？	

续表

序号	案例导入	完成情况或最终结论
5	支付利息了吗?	
6	更新长期贷款了吗?	
7	知道如何申请长期贷款吗?	

任务四　化干戈为玉帛
——企业沙盘年中工作内容

【案例导入】

销售部与生产部之间不可避免的矛盾

销售是一个公司业绩的灵魂，生产部是整个公司的桥梁纽带，其中谁缺了谁都无法开展正常工作。这其中有时不可避免偶尔也会发生小小的摩擦，有时心里挺郁闷的，冷静下来，化干戈为玉帛吧。

销售部与生产部之间不可避免的矛盾常出现在订单中。8月15日做好货后，通知客户问是否可以发货了吗，客户说再等几天吧，还没定柜子，之后通知包装部，说客户还要过几天才发货，生产部一听就火冒三丈了，说15号发货，做好了又变卦了，你这人真是的，你怎么是这样呢！说好了交货期让我们做好了又不发了，你是什么意思？没地方放货，那放你办公室去可以吗？

我说客户刚通知说柜子要下周才装货，生产部像是被点燃了导火线一样，心情更加激动：那你自己单子的货自己来找地方放。我安慰生产部，说这个货客户要付款了才能通知发货，不能急，我们要见款才能发货，其实我自己心里也很急，没地方放，然后通知生产部，客户说明后天给我们打款了发货，可是还是在期待的时间内没有能如期发出，去车间生产部时他们再次提到，那个货你到底要什么时候才发？要不发，你之前就不要通知我做，做好了你又不发！我无语沉默，客户的发货时间延迟了半个月。

请问大家是如何解决生产与销售的内部矛盾的大事呢？企业又是如何开展日常活动的呢？

（资料来源：http://blog.sohu.com/s/NDkxNTcxMDU/181884692.html）

请完成以下任务：

1. 进行季初现金盘点和短期贷款的操作。
2. 完成原材料的采购和产品生产的操作。
3. 知道如何投资生产线和进行生产线转产。
4. 知道如何交货，如何进行产品研发投资。
5. 完成每个季度管理费的支付。

【知识准备与业务操作】

1. 季初现金盘点

企业为了保证账实相符，应当定期对企业的资产进行盘点。盘点采用“实地”盘点法，对沙盘的现金区的“现金”进行清点，确定实有其数。如果盘点的余额与账面数额一致，各成员可将余额准确无误地填写在任务清单上的季初现金盘点的位置。如果盘点的余额与账面数不一致，则停止经营，先找出问题再进行下一步的操作。

每一栏代表一个季度，即起始年第一季度现金盘点额为 14 M，第 2 季度为 10 M，第 3 季度为 6 M，第 4 季度为 18 M。起始年各季度的现金盘点数如表 3－15 所示。

表 3－15　运营流程表“季初现金盘点”栏

季初现金盘点(请填余额)	14	10	6	18

2. 更新短期贷款/还本付息

企业要想发展，资金是保证。在经营过程中，不可避免要通过贷款的方式进行筹资。短期贷款主要用于解决流动资金不足的问题。

(1) 更新短期贷款。如果企业有短期贷款，每季度初财务经理将短期贷款的空桶往前推一格，表示离还短期贷款更进了一步。

(2) 还本付息。短期贷款期限是一年，到期连本带息一起还。支付利息时，财务经理从现金库中拿出现金放在沙盘盘面的“利息”处，再拿出现金到交易处偿还本金。

起始年没有申请的短期贷款，不用付利息，在此栏打×即可，见表 3－16。

表 3－16　运营流程表“更新短期贷款/还本付息”栏

更新短期贷款/还本付息	×	×	×	×

3. 申请短期贷款

每个季度在此刻可以申请短期贷款，有到期的短期贷款必须在上一步还本付息时归还了贷款，才能借新的贷款。贷款规则是申请的短期贷款的额度为上年权益的2倍减去尚未归还的短期贷款的总额。比方说我们在第1季度想要借20 M的贷款，在贷款额度允许的情况下，可接入贷款，并在流程表1季度的位置填入“+20 M”，表示申请了20 M的贷款。起始年4个季度均没有申请贷款的操作，在对应的流程表中打×，见表3-17。

表3-17　运营流程表“申请短期贷款”栏

申请短期贷款	×	×	×	×

4. 原材料入库/更新原料订单

企业只有在前期下了订单，此刻才能购买原材料，下订单不用付现金，原材料入库时需要支付现金。R1和R2提前期为1个季度，R3和R4提前期为2个季度。没有提前下订单，需付2倍的价钱进行紧急采购。起始年此处有两步操作。

(1) 由图3-3可知，之前企业下了2个R1的原材料，此时财务经理应从现金库拿2 M的现金交给采购经理，同时财务经理在运营流程表中记录—2，后续3个季度均有1个原材料要入库，财务经理需每个季度拿出1 M的现金，在运营流程表中记录—1，如表3-18所示。

表3-18　运营流程表“原材料入库/更新原料订单”栏

原材料入库/更新原料订单	—2	—1	—1	—1

(2) 第1季度采购经理将拿到的2 M交给供应商，买回2个R1的原材料，放入R1原材料库；在采购订单登记表中记录原材料的数量2个。后续3个季度采购经理将拿到的1 M交给供应商，买回1个R1的原材料，放入R1原材料库；在采购订单登记表中记录原材料的数量1个，见表3-19。

表3-19　采购订单登记表

0年	1季				2季				3季				4季			
原材料	R1	R2	R3	R4	R1	R2	R3	R4	R1	R2	R3	R4	R1	R2	R3	R4
订购数量	1				1				1				1			
采购入库	2				1				1				1			

5. 下原料订单

企业要采购原材料，必须前期下原料订单，没有订单不能购买。起始年此处有两步操作。

(1) 起始年的4个季度,企业均应与供应商签订1个R1的原材料订单,采购经理应在企业采购订单登记表中订购数量的位置填入1,见表3-19。

(2) 下订单不需要支付现金,财务经理只需在下原料订单处打√,表示此处采购经理已操作即可,见表3-20。如果该季度采购经理没有下订单,此处打×。

表3-20 运营流程表"下原料订单"栏

下原料订单	√	√	√	√

6. 更新生产/完工入库

企业每个季度,生产经理均应做此项操作。生产经理将生产线上的在制品往前推一格,如果在制品已推到生产线以外,表示产品已经完工,可入库。完工入库后生产总监在运营流程表中打√即可,如表3-21。

表3-21 运营流程表"更新生产/完工入库"栏

更新生产/完工入库	√	√	√	√

7. 投资新生产线/变卖生产线/生产线转产

(1) 投资新生产线

企业购买新的生产线时,可根据4种生产线的购置费和安装周期,选择适合本企业的生产线。例如:企业想在该年第1季度购买1条半自动线,首先应了解半自动线的购置费为8M,安装周期为2Q,生产周期为2Q。了解清楚后,生产经理到交易处申请半自动线和生产线标识,将其背面朝上放置在厂房的空置位置,在净值处放1空桶,每个季度投4M,投2个季度。完成全部投资后,即第3个季度,可将生产线翻转过来,正面朝上,开始生产。

(2) 变卖生产线

企业要出售生产线只能按照残值出售,变卖生产线时将生产线和产品标识还给交易处。若生产线的净值等于残值,将净值转到现金库即可;若净值大于残值,将残值转到现金库,大于残值的部分计入综合管理费用的其他,作为企业的损失。

(3) 生产线转产

生产线转产即更换生产线的对应标识,此规则中手工线和柔性线是没有转产周期和转产费用的,即手工线和柔性线可以随时更换产品标识。半自动线转产需要停产1个季度,支付1M的转产费,柔性线需要停产2个季度,每个季度支付2M,共4M的转产费。

起始年没有此三项操作,只需在运营流程表中打×即可,如表3-22所示。

表 3-22　运营流程表“投资新生产线/变卖生产线/生产线转产”栏

投资新生产线/变卖生产线/生产线转产	×	×	×	×

8. 开始下一批生产

企业空生产线上放置产品进行生产的操作即为开始下一批生产，如果无空生产打×即可。企业有空生产线应尽快安排生产，不要闲置，闲置的生产线要正常支付维修费和折旧。此处有 3 个部门的操作。

(1) 采购经理

开始下一批生产时，采购经理需从原材料中取出生产所需的材料，交给生产经理。

(2) 财务经理

财务经理从现金中取出 1 M，用于支付新上线产品的加工费。并在运营记录表中填写−1，表示现金减少 1 M。

(3) 生产经理

生产经理把从财务处领取的原材料和财务经理支付的加工费组合成 1 个产品，放在空着的生产线的 1 Q 的位置。

起始年，企业只有 P1 产品，第 1 季度更新生产完工入库后，有 1 条空着的生产线，采购经理提供 1 个 R1，财务经理提供 1 M 的加工费，组合成 1 个 P1，上线生产，财务在运营流程表中登记−1，第 2 季度上线 2 个 P1，运营登记表中登记−2，第 3 季度上线 1 个 P1，登记−1，第 4 季度上线 2 个 P1，登记−2，见表 3-23。

表 3-23　运营流程表“开始下一批生产”栏

开始下一批生产	−1	−2	−1	−2

9. 更新应收款/应收款收现

企业沙盘中，销售经理交货后，一般是拿不到现金的，拿到的是一张写有账期的欠条。每个季度，企业应将应收账款朝着现金方向推进一格，表示离应收账款到期更进了一步，对应的位置打√。当应收账款往前推出格子时，表示应收款到期，可拿着欠条到交易处领取现金。

起始年第 1 季度和 2 季度，均有应收账款往前推一格的操作，对应的运营记录表中打√；第 3 季度 15 M 的应收款到账，对应的位置记录+15，表示收到 15 M 的现金；第 4 季度 32 M 的应收款到账，对应的位置记录+32，表示收到 32 M 的现金，见表 3-24。

表 3－24　运营流程表"更新应收款/应收款收现"栏

更新应收款/应收款收现	√	√	+15	+32

10. 出售厂房

当企业需要周转资金时，可将厂房出售，买转租，厂房按购买价值出售，不能立即拿到现金，拿到的是 1 张 4 Q 的应收款，4 个季度之后可拿到现金。

起始年没有厂房出售的操作，打×即可，见表 3－25。

表 3－25　运营流程表"出售厂房"栏

出售厂房	×	×	×	×

11. 按订单交货

企业只有将产品销售出去，才能实现收入和利润，产品生产出来后，企业应按销售订单交货。每张订单必须整单交货。本年的订单在本年的 4 个季度中的任何一个季度交货均可。

起始年第 1 季度只有 4 个 P1 的库存，而唯一的一张订单的交货数量是 6 个，不能交货，打×；第 2 季度可交货，收到 1 张 32 M，2 Q 的应收款，打√；第 3、4 季度虽然有库存，但没有订单，不能交货打×，见表 3－26。

表 3－26　运营流程表"按订单交货"栏

按订单交货	×	√	×	×

12. 产品研发投资

企业按照年初会议上的计划，要研发新产品，必须投入相应的研发费。研发费按季度支付，研发费用完成后的下一个季度可以投入生产。例如：企业想在该年研发 P2 产品，首先应了解 P2 的研发周期为 4 Q，研发用费为 4 M。了解清楚后，销售经理到交易处申请 P2 生产资格证，将其背面朝上放置在营销与规划中心的生产资格证处，每个季度投 1 M，投 4 个季度。完成全部投资后，可将生产资格证翻转过来，正面朝上，P2 可开始投入生产。

起始年不进行产品的研发，打×即可，见表 3－27。

表 3－27　运营流程表"产品研发投资"栏

产品研发投资	×	×	×	×

13. 支付行政管理费

管理费用是企业维持正常运转所需支付的费用，包括办公用品费、水电费、人员工资等。企业沙盘经营中，我们假定管理费是一成不变的，每个季度为 1 M。故每个财务经理从现金中拿出 1 M 放在综合管理费用的“管理费”处，并在运营流程表中登记−1，表示现金减少 1 M，用于支付管理费。起始年结束，共支付了 4 M 的管理费，见表 3－28。

表 3－28　运营流程表“支付行政管理费”栏

支付行政管理费	−1	−1	−1	−1

【案例阅读】

在三车间审核员看到有两台设备丢弃在车间角落，设备上落满尘土，旁边堆放着许多杂物。

审核员问：“这是做什么用的？”车间主任说：“这设备是我们过去的试验产品，放在这里快两年了。具体什么原因，我也不太清楚。你们可以去问技术科。”

在技术科，审核员继续查问关于三车间那两台设备的事情。技术科长说：“去年上级下达任务让我们试制 Q3 型设备。当时由于时间较紧张，设备试制出来后一直工作不正常。我们开了好几次分析会，会议一直没取得一致意见，有人认为可能是设计问题，也有人认为可能是所用的原材料不合适。后来由于我出国考察去了，上面没有催，我们一忙这事儿就拖了下来。我们打算最近再次讨论这个问题。”

提示：在企业沙盘模拟实训中，我们要做到责任到人，每个人负责自己的相应操作，不要相互推诿。

（资料来源：http://www.renrendoc.com/p－10317254.html）

【任务验收】

通过知识准备与业务操作的学习，你能够顺利完成任务吗？请试着将任务完成的情况或最终结论填写在表 3－29 中。

表 3－29　任 务 验 收

序　号	案 例 导 入	完成情况或最终结论
1	如何进行季初现金盘点？	

续表

序 号	案 例 导 入	完成情况或最终结论
2	你会申请和归还短期贷款了吗?	
3	你知道如何采购原材料吗?	
4	生产经理如何进行产品生产的操作呢?	
5	如何投资新的生产线和进行生产线转产?	
6	如何进行生产线转产?	
7	什么时候可交货呢?	
8	产品研发投资如何操作?	
9	每个季度支付多少管理费呢?	

任务五　结账工作重要吗
——企业沙盘年末工作内容

【案例导入】

现金结账工作的重要性

2014年1月28日，上市公司酒鬼酒发布公告称：2013年11月29日，公司子公司酒鬼酒供销有限责任公司在中国农业银行杭州分行华丰路支行开立了户名为“酒鬼酒供销有限责任公司”的活期结算账户，其后共计存入1亿元人民币存款。

据账户变动明细显示，在2013年12月10日、12月11日，一名嫌疑人在供销公司毫不知情的情况下先后向前述账户存现200元、300元，并于2013年12月11日通过上述支行柜台转取了供销公司的3 500万元存款。

次日，同一嫌疑人又向该账户存现500元，同时又通过同一支行柜台转取了3 500万元存款；同年12月13日，同一嫌疑人将供销公司的3 000万元存款汇出。

供销公司在中国农业银行杭州分行华丰路支行的账户余额仅剩1 176.03元。

（资料来源：https://baike.so.com/doc/9923233-10270566.html）

以上案例就可以看出现金结账工作重要性。从现金管理角度来看，如果酒鬼酒在日常现金结账中按规定的对货币资金日清月结进行结账，挪取资金是不可能发生的，或者说发生第一次就会被第一时间发现，不会发生第二次、第三次。如果在开立新账户和印鉴以及空白票据管理上严格按制度执行，一样不可能发生巨额资金被盗的情况。

在我们沙盘模拟的企业中，年末结账工作既能反映企业本年的经营状况，又能从中分析问题，给企业后续的经营提供强有力的支持。

请完成以下任务：

1. 学会支付设备维护费和租金。

2. 了解购买厂房的操作。

3. 熟悉计提生产线折旧的规则。

4. 知道开拓新市场和 ISO 认证。

5. 学会计算期末现金对账。

6. 熟悉填写综合费用明细表、利润表和资产负债表。

【知识准备与业务操作】

1. 支付设备维护费

设备在使用过程中会发生磨损，要保证设备的正常运转，就需要支付设备维护费。支付设备维护费的规则是每条线每年需支付 1 M 的设备维护费，今年新买的生产线和今年卖出的生产线不需要支付维护费。

教学起始年，企业有 3 条手工线和 1 条半自动线，因此企业需要支付 4 M 的设备维护费。财务经理需从现金库中拿出 4 M 现金放在综合管理费用的"维护费"处，同时在企业运营流程表中记录－4，表示企业支付了 4 M 的设备维护费，见表 3－30。

表 3－30　运营流程表"支付设备维护费"栏

支付设备维护费				－4

2. 支付租金/购买厂房

企业要进行产品生产，就必须购买生产线。生产线要放在厂房里，故企业必须要有厂房。厂房可以购买，也可以租赁。

以小厂房为例，小厂房的买价是 30 M，租金是 3 M。如果企业要购买小厂房，则财务经理从现金库中拿出 30 M，放在小厂房价值处，运营流程表中登记－30，表示购买了小厂房。如果企业选择租赁小厂房，财务经理应从现金库中拿出 3 M 放在综合管理费用的"租金"处，同时在企业运营流程表中记录－3，表示企业支付了 3 M 的小厂房的租金。

教学起始年，企业没有购买或者租赁厂房的操作，在运营流程表中打×，表示起始年不进行相关操作，见表 3－31。

表 3－31　运营流程表"支付租金/购买厂房"栏

支付租金/购买厂房				×

3. 计提折旧

生产线作为企业的固定资产，在使用过程中会有磨损，导致市值降低。降低的价值即为折旧。生产线折旧的规则见表 3－32。

表 3-32　生产线折旧规则

生产线	购买价格	残值	1年	2年	3年	4年	5年	6年
手工线	5 M	1 M	0	1 M	1 M	1 M	1 M	0
半自动线	8 M	2 M	0	2 M	2 M	1 M	1 M	0
全自动线	16 M	4 M	0	5 M	3 M	2 M	2 M	0
柔性线	24 M	6 M	0	8 M	5 M	3 M	2 M	0

教学起始年，企业有 3 条手工线，1 条半自动线，均已使用 3 年，现在是第 4 年。因此手工线的折旧是 1 M，半自动的折旧也是 1 M，财务经理和生产经理配合从 4 条生产线的净值处分别拿出 1 M 的折旧，共 4 M 的折旧放在综合管理费用的“折旧”处。同时在企业运营流程表中记录(4)，见表 3-33，表示企业有 4 M 的折旧。折旧跟现金无关，既不是现金增加，也不是现金减少。

表 3-33　运营流程表“计提折旧”栏

计提折旧				(4)

4. 新市场开拓/ISO 资格认证投资

企业要想扩大产品的销量，就必须开放新的市场，同时有的市场对于产品有 ISO 认证的要求，故企业需对 ISO 资格进行认证。

(1) 新市场开拓

企业已经拥有本地市场，还有区域、国内、亚洲和全球四大市场需要开拓，每个市场的开拓时间和开拓费用是不同的。企业可自主决定想要开拓哪些市场。

例如：A 企业想要开拓亚洲市场，先了解亚洲市场的开拓时间是 2 年，开拓费用是 2 M，每年需支付 1 M 的开拓费。财务经理从现金处拿出 1 M，并在今年的企业运营流程表中记录－1，明年再记录－1，该市场开拓成功，可在该市场接订单。

(2) ISO 认证

ISO 认证包括 ISO9000 质量认证和 ISO14000 环境认证。只有企业投资了 ISO 认证，才能获取有认证要求的订单。每个认证的开拓时间和开拓费用是不同的，企业可自主决定要不要投资认证，投资哪个认证。

例如：B 企业想要投资 ISO9000 质量认证，先了解质量认证的投资时间是 2 年，投资费用是 2 M，每年需支付 1 M 的投资费。财务经理从现金处拿出 1 M，并在今年的企业运营流程表中记录－1，明年再记录－1，该资格认证投资成功，可在该市场接有该资格认证的订单。

教学起始年，企业不开拓新市场，也不投资资格认证，财务经理在运营流程表中打×，表示起始年不进行该项投资，见表 3－34。

表 3－34　运营流程表"新市场开拓/ISO 资格认证投资"栏

新市场开拓/ISO 资格认证投资				×

5. 结账

一年经营结束，企业要进行一次盘点。一经结账，本年度的经营即宣告结束，不得随意更改。结账后，在运营流程表中打√，见表 3－35。

表 3－35　运营流程表"结账"栏

结账				√

6. 期末现金对账

教学起始年 4 个季度完整的运营流程表，见表 3－36。

表 3－36　4 个季度完整的运营流程表

新年度规划会议	√			
参加订货会/登记销售订单	－1			
制定新年度计划	√			
支付应付税	－1			
支付长贷利息	－4			
更新长期贷款/长期贷款还款	√			
申请长期贷款	×			
季初现金盘点(请填余额)	14	10	6	18
更新短期贷款/还本付息	×	×	×	×
申请短期贷款	×	×	×	×
原材料入库/更新原料订单	－2	－1	－1	－1
下原料订单	√	√	√	√
更新生产/完工入库	√	√	√	√
投资新生产线/变卖生产线/生产线转产	×	×	×	×
开始下一批生产	－1	－2	－1	－2
更新应收款/应收款收现	√	√	＋15	＋32
出售厂房	×	×	×	×

续表

按订单交货	×	√	×	×
产品研发投资	×	×	×	×
支付行政管理费	−1	−1	−1	−1
其他现金收支情况登记	×	×	×	×
支付设备维护费				−4
支付租金/购买厂房				×
计提折旧				(4)
新市场开拓/ISO资格认证投资				×
结账				√
现金收入合计	0	0	15	32
现金支出合计	4	4	3	8
期末现金对账(请填余额)	10	6	18	42

期末现金对账＝季初现金盘点＋现金收入合计－现金支出合计

7. 综合管理费用明细表

综合管理费用明细表是记录除产品费用和财务费用外的其他费用的报表。主要是根据企业沙盘盘面上综合管理费用处的各项支出进行填写。

管理费：根据当年支付的行政管理费填写，可查看沙盘盘面上“管理费”处的灰币数。起始年为4M，填入表3-37。

广告费：根据当年销售经理填写的广告订单登记表中的广告费填写，起始年广告订单登记表记录的广告费为1M，填入表3-37。

维护费：根据当年支付的维护费填写，可查看沙盘盘面上“维护费”处的灰币数。起始年为4M，填入表3-37。

租金：根据当年支付的厂房租金填写，可查看沙盘盘面上“租金”处的灰币数。起始年为0M，填入表3-37。

转产费：根据当年支付的生产线转产费填写，可查看沙盘盘面上“转产费”处的灰币数。起始年为0M，填入表3-37。

市场准入开拓：根据当年支付的市场开拓费用填写，可查看沙盘盘面上“市场开拓”处今年投资的灰币数总和。起始年为0M，填入表3-37。

ISO资格认证：根据当年支付的ISO资格认证费填写，可查看沙盘盘面上“ISO资格”处今年投资的灰币数总和。起始年为0M，填入表3-37。

产品研发：根据当年支付的产品研发费用填写，可查看沙盘盘面上“产品研发”处今年投资的灰币数总和。起始年为 0 M，填入表 3-37。

其他：根据当年沙盘盘面上“其他”处的费用填写。比如：订单违约时支付的违约金等，起始年为 0 M，填入表 3-37。

表 3-37　综合管理费用明细表

项　　目	金额(M)	备　　注
管理费	4	
广告费	1	
维护费	4	
租　金	0	
转产费	0	
市场准入开拓	0	□区域　□国内　□亚洲　□国际
ISO 资格认证	0	□ISO9000　□1SO14000
产品研发	0	P2(　　)　P3(　　)　P4(　　)
其　他	0	
合　计	9	

8. 利润表

利润表是反映企业一年时间的经营状况的会计报表。利润表根据这一年的营业收入和这一年的成本费用，计算这一年的利润。利润表的编制方法如下。

利润表中的上年数反映各项目上一年的实际发生数，根据上年利润表的本年数填写。利润表的本年数反映各项目本年度的实际发生数。

销售收入：反映今年销售产品取得的总销售额，不论今年销售的产品是否收到货款，只要产品交货了，就应计入今年的销售收入，起始年产品的销售收入为 32 M。

直接成本：反映今年销售产品的实际成本总和。起始年企业均销售了 6 个 P1 产品，1 个 P1 产品的直接成本为 2 M，6 个 P1 的直接成本为 12 M。

毛利：反映企业销售产品的毛利。毛利等于销售收入减去直接成本(32－12＝20 M)。

综合费用：反映今年企业发生的综合费用，根据综合管理费用明细处的合计填写，即 9 M。

折旧前利润：反映企业在计提折旧前的利润。折旧前利润等于毛利减去综合费用(20－9＝11 M)。

折旧：反映当年计提的生产线折旧额，可查看沙盘盘面的“折旧”处的灰币数，起始年为 4 M。

支付利息前利润：反映企业支付利息前获得的利润。支付利息前利润等于折旧前利润减去折旧(11－4＝7 M)。

财务支出：反映企业本年的长短期贷款支付的利息和提前收应收账款所支付的贴息。可查看沙盘盘面的“利息”和“贴息”处的灰币数，起始年利息为 4 M，贴息为 0 M。故财务支出为 4 M。

其他支出：反映企业其他业务造成的支出。此项目一般不涉及。起始年也没有涉及，填写 0 M。

税前利润：反映企业本年实现的利润总额。税前利润等于支付利息前利润减去财务支出，再减去其他支出(7－4－0＝3 M)。

所得税：反映企业今年应缴纳的所得税费用。所得税为税前利润的 25%，四舍五入。3×25%＝0.75，故今年的所得税费用为 1 M。

净利润：反映企业本年的净利润。净利润等于税前利润减去所得税(3－1＝2 M)。完整的起始年利润表见表 3－38。

表 3－38　起始年利润表

项　　目	上 年 数	本 年 数
销售收入	35	32
直接成本	12	12
毛利	23	20
综合费用	11	9
折旧前利润	12	11
折旧	4	4
支付利息前利润	8	7
财务支出	4	4
其他支出	0	0
税前利润	4	3
所得税	1	1
净利润	3	2

9. 资产负债表

资产负债表是反映企业一年时间的财务状况的报表，它遵循“资产＝负债＋所有者权益”的会计恒等式。

资产负债表中的期初数反映各项目上一年的实际发生数，根据上年资产负债表的期末数填写。资产负债表的本年数反映各项目本年度的实际发生数，见表 3－39。

表 3－39 资 产 负 债 表

资　　产	期初数	期末数	负债和所有者权益	期初数	期末数
流动资产：			负债：		
现金	20	42	长期负债	40	40
应收款	15	0	短期负债		
在制品	8	8	应交税金	1	1
成品	6	6			
原料	3	2			
流动资产合计	52	58	负债合计	41	41
固定资产：			所有者权益：		
土地和建筑	40	40	股东资本	50	50
机器与设备	13	9	利润留存	11	14
在建工程			年度净利	3	2
固定资产合计	53	49	所有者权益合计	64	66
资产总计	105	107	负债和所有者权益总计	105	107

（1）资产类项目

资产类项目主要根据企业沙盘盘面的资产状况盘点后的实际金额填写。流动资产项目包括：现金 42 M、在制品 8 M、产成品 6 M、原材料 2 M。流动资产合计为 58 M。注意在制品、产成品和原材料都是计算价值而非数量。固定资产项目包括：土地和建筑，即购买的厂房的价值，为 40 M；机器与设备，即所有生产线的生产线净值之和，为 9 M。流动资产合计为 49 M。总资产为 107 M(58＋49＝107 M)。

（2）负债类项目

长期负债和短期负债可根据企业沙盘盘面的长期贷款和短期贷款的实际金额填写，即长期贷款为 40 M。

应交税金，可根据利润表中的所得税填写，即 1 M。

负债合计为 41 M(40＋1＝41 M)。

（3）所有者权益类项目

股东资本是企业成立之初股东的投资额，在股东没有增资的情况下，股东资本保持不变，一致都是 50 M。企业沙盘模拟过程中股东一般都不增加投资。

利润留存，可根据上年资产负债表的利润留存和年度净利之和填写。本年的利润留存为 14 M(11＋3＝14 M)

年度净利，可根据利润表中的净利润填写，利润表中今年的净利润为 2 M，故年度净利为 2 M。

所有者权益合计为 66 M(50+14+2=66 M)。

左边资产总和为 107，右边负债和所有者权益总和为 107，遵循“资产=负债+所有者权益”的恒等式，资产负债表填写正确，结束起始年经营。

【任务验收】

通过知识准备与业务操作的学习，你能够顺利完成任务吗？请试着将任务完成的情况或最终结论填写在表中。

表 3－40　任 务 验 收

序 号	案 例 导 入	完成情况或最终结论
1	你知道如何支付设备维护费吗?	
2	你知道如何支付租金吗?	
3	你了解购买厂房的操作吗?	
4	你熟悉计提生产线折旧的规则吗?	
5	你知道如何开拓新市场和ISO 认证吗?	
6	你学会计算期末现金对账了吗?	
7	你能熟练填写综合费用明细表、利润表和资产负债表吗?	

项目四
企业认知分析篇

◆ 项目综述 ◆

在企业认知沙盘模拟运营中，每一年度，企业均要对自己的岗位进行工作总结，并提出下一年度的工作计划。首先需要了解企业经营的本质，熟悉企业的整体经营规划，分析企业的经营成果，进行企业的全面剖析，然后对每一年的经营成果进行分析、点评和总结。

◆ 学习目标 ◆

1. 了解企业经营的本质
2. 掌握市场划分与定位规则
3. 熟悉企业经营规划
4. 掌握生产与运营管理
5. 熟悉全面预算管理

◆ 重点难点 ◆

1. 市场划分的方法与技巧
2. 预算编制的方法

任务一　感性认识时代
——企业经营的本质分析

【案例导入】

皮鞋的由来

很久很久以前，人类都还赤着双脚走路。有一位国王到某个偏远的乡间旅行，因为路面崎岖不平，有很多碎石头，刺得他的脚又痛又麻。回到王宫后，他下了一道命令，要将国内的所有道路都铺上牛皮。他认为这样做，不只是为自己，还可造福他的人民，让大家走路时不再受刺痛之苦。但即使杀尽国内所有的牛，也筹措不到足够的皮革，而所花费的金钱、动用的人力，更无以数计。虽然根本做不到，甚至还相当愚蠢，但因为是国王的命令，大家也只能摇头叹息。一位聪明的仆人大胆向国王提出建言："国王啊！为什么您要劳师动众，牺牲那么多头牛，花费那么多金钱呢？您何不只用两小片牛皮包住您的脚呢？"国王听了很惊讶，但也当下领悟，于是立刻收回成命，采纳了这个建议。据说，这就是"皮鞋"的由来。故事中的国王，就相当于我们企业的总经理，那作为企业的负责人，你是想用牛皮铺路，还是用牛皮包脚呢？

（资料来源：http://www.sohu.com/a/217051837_648647）

请完成以下任务：

1. 了解企业经营的目标。
2. 掌握企业经营的本质。
3. 了解开源节流的方法。
4. 熟悉资产报酬率和权益报酬率。

【知识准备与业务操作】

1. 企业经营的目标

企业经营目标，是在分析企业外部环境和企业内部环境的基础上确定的企业各项经济活动的发展方向和奋斗目标，是企业经营思想的具体化。企业是盈利性的组织机构，企业的最终目标是获利。企业只有生存下去才能获得利润，只有不断地求得发展，才能获得生存。因此，企业经营的目标是生存、发展和获利。

【案例阅读】

海尔集团总裁张瑞敏说："企业追求利润是一个目标而不是目的。其根本目的是推动社会进步。企业作贡献，照这个目的去做，而追求利润的目标在这个过程中自然就会产生。现在许多生产假冒伪劣产品的企业，只是为了追求利润，但利润即便到手了也不会长久的。"

2. 企业经营的本质

企业利用一定的经济资源，将产品销售出去，获得利润。企业经营的目标是获得利润，企业经营的本质是股东权益最大化，作为经营者，一定要牢牢记住这句话，如图 4－1 所示。

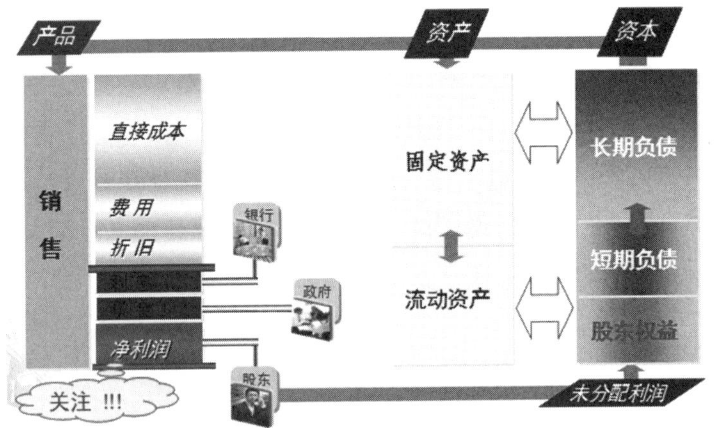

图 4－1　企业经营的本质

企业的负债有长期负债和短期负债。所有者权益一部分是企业创建之初，所有股东的集资，即股东资本；另一部分是未分配利润。企业的资产有固定资产和流动资产，企业的资产是企业资本的转化，而且是等值转化，即"资产＝负债＋所有者权益"。

企业沙盘实训中，企业所有者权益增加的来源只有一个途径，即净利润增加。净利润要靠企业开源节流，可以考虑其中一种，也可以考虑两者同时并用。

（1）开源：努力扩大销售

开源就是努力扩大销售，可以通过开拓市场、增加品种和扩大产能等措施来增加企业的净利润，如图 4-2 所示。开拓市场可通过扩大市场范围、进行品牌资格认证和合理的广告投入进行。增加品种主要靠研制新的产品、研究竞争对手和分析盈亏平衡进行。扩大产能可通过增加新生产线、改进生产线和研究生产组织进行。

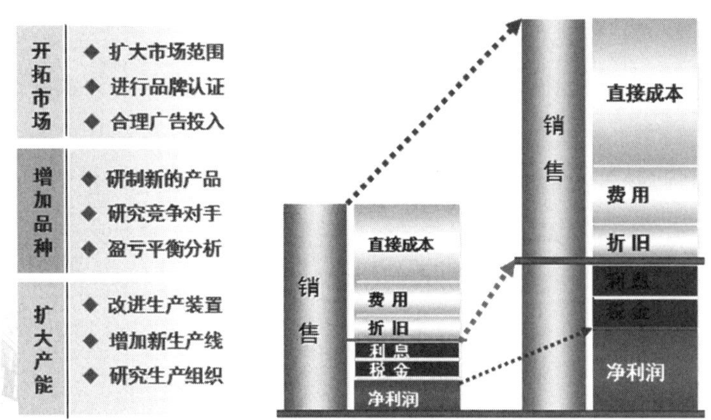

图 4-2　开源：努力扩大销售

（2）节流：尽量降低成本

节流就是尽量降低成本，可以通过降低直接成本、降低可变成本和增加毛利等措施来增加企业的净利润，如图 4-3 所示。直接成本主要包括原材料费用、加工费用和生产组织；可变成本包括广告开拓费用、租金维护费用、行政管理费用和利息贴现的费用。增加毛利主要包括选取收益大的市场、盈利大的产品和分析竞争对手。

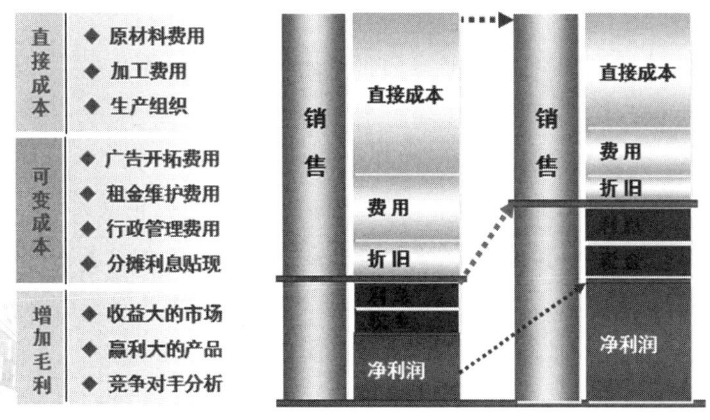

图 4-3　节流：尽量降低成本

【案例阅读】

从前有个奇异的小村庄，村里除了雨水没有任何水源。除此之外，这里可算是人们生活的好地方。为了从根本上解决这个问题，村里的长者决定对外签订一份送水的合同，以便每天都能有人把水送到村里。有两个人愿意接受这份工作，于是村里的长者把这份合同同时给了这两个人，因为他知道，一定的竞争将既有益于保持价格的低廉，又能确保水的供应，必要时还可以相互补充。

得到合同的两个人中有一个叫艾德，他立刻行动起来，他买了两个镀锌的大号钢桶，每日奔波一里以外的湖泊和村庄之间，用他的两只桶从湖中打水并运回村庄，再把水倒进村民们修建的大储水池中。每天早晨他都起得比其他村民早，以便当村民需要水时，储水池中已经有足够的水供应他们使用。由于他起早贪黑地工作，艾德很快就开始赚到了钱。尽管这是一项相当辛苦的工作，但是艾德很高兴，因为他能不断地赚钱，并且他对拥有两份专营合同中的一份而感到满意。

另外一个获得合同的人叫比尔，然而令人奇怪的是从签订合同以后比尔就消失了，几个月来，人们一直没有看到过比尔。这点更令艾德兴奋不已，他赚到了所有的水钱。比尔干什么去了呢？原来比尔没有像艾德那样也去买两只桶，相反，他做了一分详细的商业计划，并凭借这份计划书找到了四位投资者，和他们一起开了一家公司，并雇用了一位职业经理。六个月后，比尔带着一个施工队修建了一条从村庄通往湖泊的大容量的不锈钢管道。在隆重的贯通典礼上，比尔宣布他的水更干净，因为比尔知道由许多人抱怨艾德的水中有灰尘。比尔还宣布他能够 24 小时，一个星期 7 天不间断地为村民提供用水，而艾德却只能在工作日里送水，因为他的周末同样需要休息。同时比尔还宣布，对这种质量更高，供应更为可靠的水，他收取的价格比艾德的价格低 75%。于是村民们欢呼雀跃，奔走相告，并立刻要求从比尔的管道上接水龙头。

为了与比尔竞争，艾德也立刻将水的价格降低了 75%，并又买了两个桶，开始一次运送四桶水，为了减少灰尘，他还给每个桶上都加上了盖子。为了提供更好地服务，他雇用了他的两个儿子为他帮忙，以便通过倒休在夜间和周末也能够工作。当他的儿子们离开村庄去上学时，他深情地对他们说：快些回来，因为有一份工作将属于你们。由于某种原因，他的儿子们上完学后没有回来。艾德不得已雇用了帮工，可又遇到了令他头痛的工会问题。工会要求他付更高的工资，提供更好的福利，并要求减轻劳动强度，允许工会成员每次只运送一桶水。

此时，比尔却在思考：如果这个村庄需要水，其他有类似环境的村庄也一定需要水。于是他又重新制定了一份商业计划，开始向全国甚至全世界的村庄推销他的快速、大容量、低成本并且卫生的水系统。每送出一桶水他只赚一个便士，但是每天他都能送几十万桶水。无论他工作与否，几十万的人都要消费几十万桶水，而所有的这些钱都流向了比尔的银行账户中。显然。比尔不但开发了使水流向村庄的管道，而且还开发了一个使钱流向自己钱包的管道。从此以后，比尔幸福地生活着。而艾德在他的余生仍然拼命地工作，最终还是陷入在了“永久”的财务问题中。

故事所要提出的问题很简单：“修管道”和“运水”你会选择哪一个？

（资料来源：http://www.sohu.com/a/19363624_200662）

3. 透视经营的利器

资产报酬率，是反映企业资产盈利能力的指标，是指企业在一定时间内实现的利润与同期资产的比率。企业资产利润率这项指标能促使企业全面改善生产经营管理，不断提高企业的经济效益。

资产报酬率(ROA)＝(净利润÷总资产)×100%

＝(净利润÷销售额)×(销售额÷总资产)×100%

＝销售利润率×资产周转率

权益报酬率，又称为净值报酬率，指普通股投资者获得的投资报酬率。

权益报酬率(ROE)＝(净利润÷权益)×100%

＝(净利润÷总资产)×(总资产÷权益)×100%

＝资产报酬率×(总资产÷权益)×100%

**【案例分析】**

表 4-1 三家企业的资产负债数据

企　业	A	B	C
资　产	100	100	100
负　债	0	50	90
净　利	15	15	4
ROA	15%	15%	4%
ROE	15%	30%	40%

A、B、C 三家企业，你买谁的股票呢？

【任务验收】

通过知识准备与业务操作的学习，你能够顺利完成任务吗？请试着将任务完成的情况或最终结论填写在表4-2中。

表4-2 任务验收

序号	案例导入	完成情况或最终结论
1	企业经营的目标是什么？	
2	企业经营的本质是什么？	
3	开源的方法有哪些？	
4	节流的方法有哪些？	
5	如何计算资产报酬率？	
6	如何计算权益报酬率？	

任务二　理性思考时代
——市场分析与定位

【案例导入】

奇瑞QQ“年轻人的第一辆车”

“奇瑞QQ卖疯了！”在北京亚运村汽车交易市场2003年9月8日至14日的单一品牌每周销售量排行榜上，奇瑞QQ以227辆的绝对优势荣登榜首！奇瑞QQ能在这么短的时间内拔得头筹，归结为一句话：这车太酷了，讨人喜欢。

在北京街头已经能时不时遭遇“奇瑞QQ”的靓丽身影了，虽然只是5万元的小车，但是“奇瑞QQ”那艳丽的颜色、玲珑的身段、俏皮的大眼睛、邻家小女儿般可人的笑脸，在滚滚车流中是那么显眼，仿佛街道就是她一个人表演的T型台！

令人惊喜的外观、内饰、配置和价格是奇瑞公司占领微型轿车这个细分市场成功的关键。奇瑞QQ的目标客户是收入并不高但有知识有品位的年轻人，同时也兼顾有一定事业基础，心态年轻、追求时尚的中年人。一般大学毕业两三年的白领都是奇瑞QQ潜在的客户。人均月收入2 000元即可轻松拥有这款轿车。

许多时尚男女都因为QQ的靓丽、高配置和优性价比就把这个可爱的小精灵领回家了，从此与QQ成了快乐的伙伴。

据奇瑞汽车销售有限公司总经理金弋波介绍说：“因为广大用户的厚爱，QQ现在供不应求。作为独立自主的企业，奇瑞公司什么时候推出什么样的产品完全取决于市场需求。对于一个受到市场热烈欢迎的产品，奇瑞公司的使命就是多生产出质量过硬的产品，让广大用户能早一天开上自己中意的时尚个性小车QQ。”

你觉得奇瑞QQ为什么会取得成功呢？

（资料来源：http://www.360doc.com/content/17/0621/14/44590217_665228252.shtml）

请完成以下任务：

1. 读懂市场预测。
2. 了解产品的生命周期。
3. 了解市场细分。
4. 进行目标市场的选择。

【知识准备与业务操作】

1. 读懂市场预测

在管理学中，有一种管理叫“哥伦布式的管理”，大意是：去的时候不知道到哪里，到的时候不知道在哪里，回来的时候不知道去过哪里。我们在企业沙盘模拟经营中，最怕的就是遇到“哥伦布式的管理”，要避免这种现象的出现，就要求我们在进行企业经营之前，能够读懂市场预测图，按照市场预测进行企业经营规划。

市场预测主要是预测产品的需求与供给。市场供给的预测主要是靠我们生产部门各产品生产线的数量和种类，通过企业生产线数量和种类的统计，我们就能够知道我们的产品供给数量。因此，我们现在所说的市场预测主要指产品需求预测。市场预测方法一般分为定性预测和定量预测两大类。企业认知沙盘中我们用到的是定量预测，定量预测是根据历史和现在的统计数据资料，建立合适的数学模型，分析研究其发展变化的规律并对未来作出预测。企业沙盘的预测图见本书附录二。市场预测图有本地市场预测图、区域市场预测图、国内市场预测图、亚洲市场预测图和全球市场预测图。

我们以本地市场为例，来看看营销总监如何看市场预测图，如图 4－4 所示。

市场预测图分为两部分，左边是产品需求预测，右边是产品价格预测。产品需求预测按照企业经营的产品分为 P1、P2、P3 和 P4 四个部分。以 P1 为例，P1 的需求量第1年为27

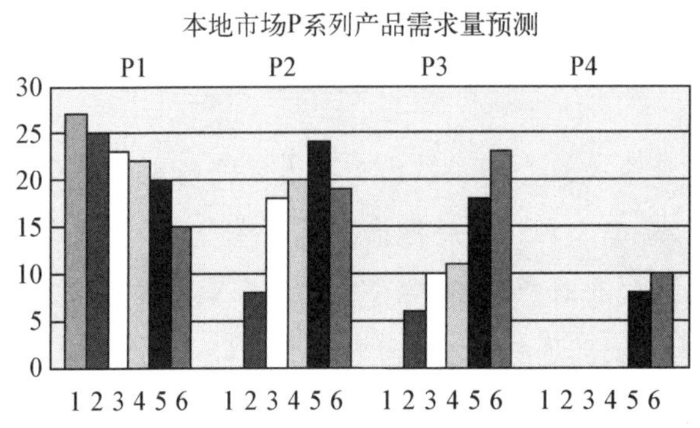

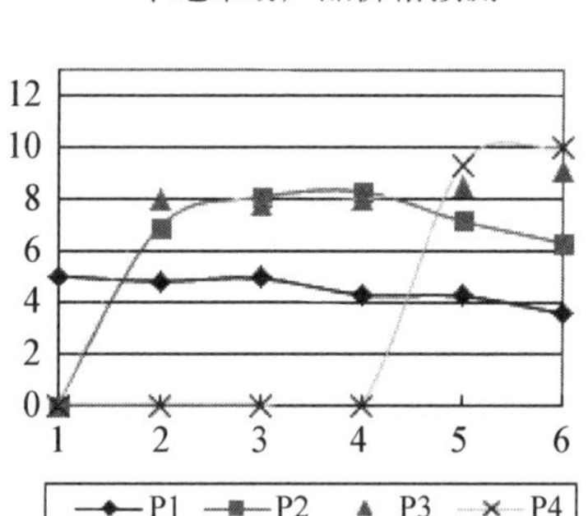

图 4－4　本地市场预测

个,第 2 年 25 个,第 3 年 23 个,第 4 年 22 个,第 5 年 20 个,第 6 年 15 个。这是我们从柱形图上获取到的信息,也可据此判断出 P1 产品有需求量逐年下降的趋势。从右边的线性图也可获知,P1 产品的价格线是一条向右下方倾斜的曲线,即 P1 产品的价格也在逐年下降,在产品成本不变的情况下,利润降低。P2 产品需求量和价格均呈现出先上升后下降的趋势。P3 产品需求量和价格均呈现逐年上升的趋势,但第 1 年该市场没有 P3 产品的需求量。P4 产品前 4 年均无须求量,第 5、6 年开始有市场需求,并且有上升的趋势。

2. 产品的生命周期

产品的生命周期是指产品从进入市场到被淘汰退出市场的全部运动过程。我们将产品的生命周期分为导入期、成长期、成熟期和衰退期,如图 4－5 所示。

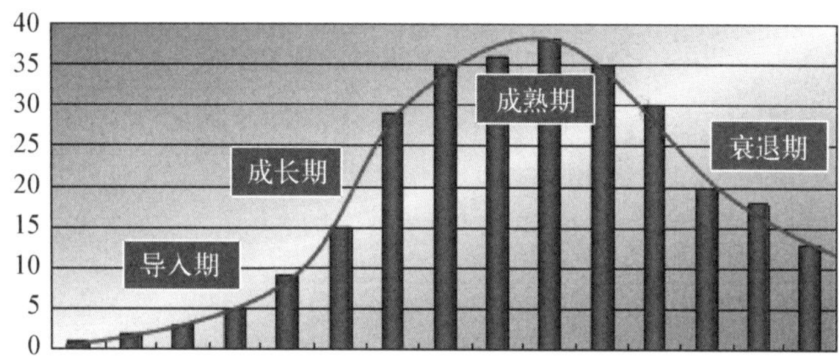

图 4－5　产品生命周期图

(1) 导入期

产品的销售量低、成本高,企业处于亏损状态,竞争者少,购买的顾客主要是创新者,营销的目标是打造产品的知名度。

(2) 成长期

产品的销售量剧增、成本适中,利润增加,竞争者逐渐进入该市场,营销目标是市场份额最大化。

(3) 成熟期

产品的销量已达到最大化,成本较低,利润较高,销量较稳定,竞争者开始减少,营销目标是保护市场份额的同时争取利润最大化。

(4) 衰退期

产品需求量下降,成本低,利润低,竞争者逐渐退出该市场,该时期的营销目标是减少开发,挤出品牌剩余价值。

3. 市场的细分和目标市场的选择

(1) 市场的细分

市场细分是指企业按照一定的细分标准,把整个市场细分为若干个需要不同的产品和营销组合的子市场,其中任何一个子市场中的消费者都具有相同或相似的需求特征,企业可以在这些子市场中选择一个或多个作为其目标市场。

(2) 目标市场的选择

企业在对不同细分市场评估后,可酌情选择一个或若干个甚至所有的细分市场,确定为企业的目标市场。企业在选择目标市场时,有 5 种可供选择的模式。

1) 密集单一市场

密集单一市场是指只选择一个细分市场,只生产一种单一产品,满足某一单一客户群体的需求,如图 4－6 所示。该种模式的优点是密集营销,减少成本,回报高,对于资金有限尤为实用;缺点是市场产品单一,风险大。

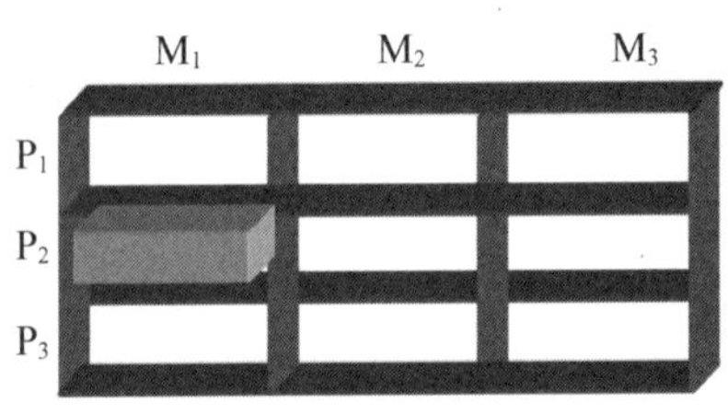

图 4－6　密集单一市场

2) 有选择的专门化

有选择的专门化是指选择若干细分市场,在每个细分市场生产一种产品,满足特定市场特定客户群体的需求,如图 4－7 所示。该种模式的优点是风险分散;缺点是资源占用大,有时回报很差。

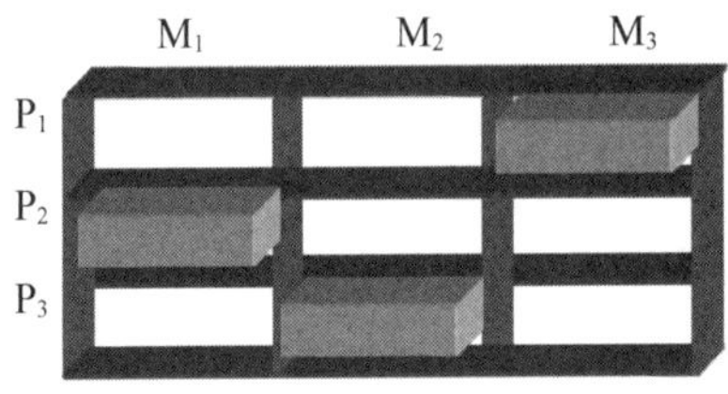

图 4－7　有选择的专门化

3) 产品专门化

产品专门化是指企业选择同一产品的若干细分市场作为目标市场,如图 4－8 所示。该模式的优点是容易建立很高的品牌知名度;缺点是被替代后危机较大。

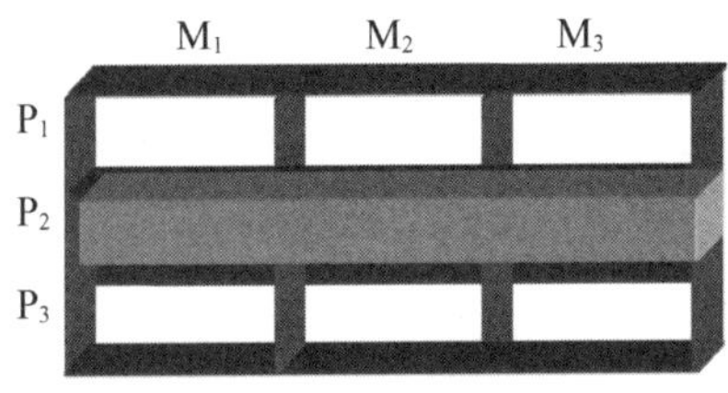

图 4－8　产品专门化

4）市场专门化

市场专门化是指企业只选择一个目标市场，在该目标市场生产所有的产品，即为专门满足某个顾客群体而服务，如图 4－9 所示。该模式的优点是在顾客中建立良好信誉；缺点是面临顾客变化等风险。

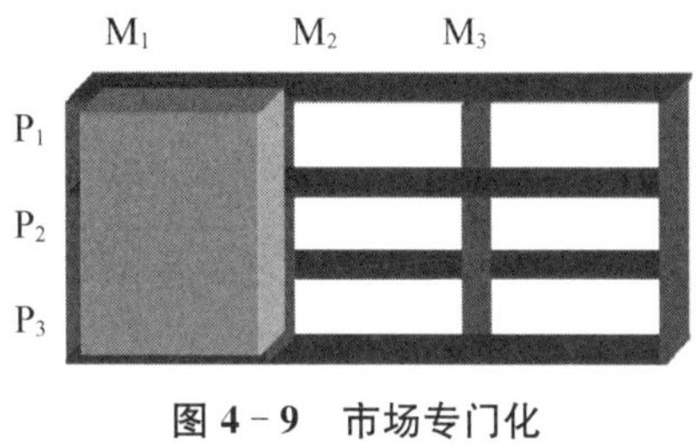

图 4－9　市场专门化

5）完全覆盖市场

完全覆盖市场是指企业选择所有的市场，并生产所有种类的产品，即想用多种产品满足各类群体的需求，如图 4－10 所示。该模式的优点是风险分散，品牌知名度高，顾客信誉较好；缺点是资金压力较大，很容易出现资金断流。

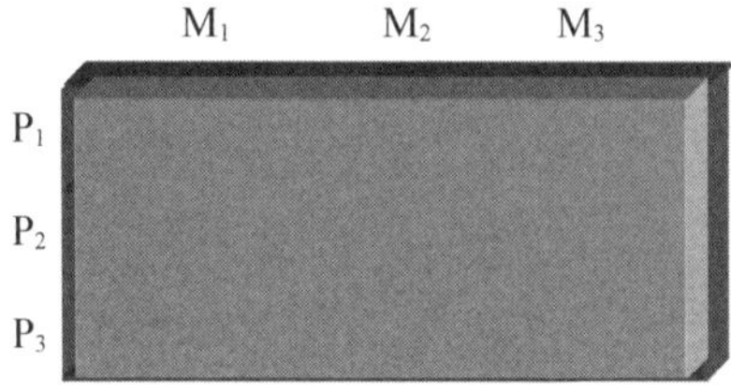

图 4－10　完全覆盖市场

【任务验收】

通过知识准备与业务操作的学习，你能够顺利完成任务吗？请试着将任务完成的情况或最终结论填写在表 4－3 中。

表 4－3　任 务 验 收

序 号	案 例 导 入	完成情况或最终结论
1	你能够读懂市场预测吗？	
2	什么是产品的生命周期？	

续表

序 号	案 例 导 入	完成情况或最终结论
3	如何进行市场细分?	
4	如何进行目标市场的选择?	

任务三 系统思考时代
——企业经营的规划

【案例导入】

如何进行资金的分配

A公司是一家2012年成立的民营企业，该公司从事的业务是电子产品生产。目前，该公司在职员工123人，电子产品更新速度较快，因此对企业提出了更高的要求。目前，该公司在经营过程中遇到了难题，公司的经费紧张，现只有40万元，要办的事情有下列几项：

(1) 解决新产品的研发费用等问题。

(2) 有一笔30万的应付账款急需支付。

(3) 支付职工的高额医疗费用。

(4) 五一节为单位职工发些福利。

很明显40万元无法将这四件事情都办圆满，如果你是这个单位的领导，你如何进行资金的合理配置，帮企业渡过难关？

请完成以下任务：

1. 了解什么是经营规划。
2. 了解经营规划的内容。
3. 做好企业的经营规划。
4. 做好经营规划的调整。

【知识准备与业务操作】

1. 经营规划的定义

企业经营规划是指依据企业外部环境和自身条件的状况及其变化来制定和实施

规划，并根据对实施过程与结果的评价和反馈来调整，制定新的战略规划的过程。一个完整的企业规划必须是可执行的，它包括两项基本内容：企业发展方向和企业资源配置策略。

在企业沙盘经营中，沙盘企业的经营成本跟企业的经营规划密切相关，我们在沙盘经营中经常会遇到以下这些问题：

贷款贷了 40 M，一眨眼就不见了，资金都去了哪里呢？

买全自动，全自动生产线生产周期短，1 年可产 4 个产品，盲目买了 2 条全自动，发现流动资金不足，生产线只能停工待产。

我要当市场老大，盲目投了 20 M 的广告费，却发现市场很空，没什么竞争对手，造成极大的浪费。

我今年拿了 4 个订单，感觉赚了一大笔钱，为什么利润还是上不去？

这是我们沙盘经营过程中经常会碰到的问题，很多经营者都是这样，走一步算一步，一直到经营结束都是糊里糊涂的，这就是典型的没有经营规划的表现。最后不管企业的初衷是什么，都只能沦为空想。

2. 经营规划的内容

经营规划的内容由三个要素组成：

(1) 方向和目标

领导者在设立方向和目标时有自己的价值观和自己的抱负。但是他不得不考虑到外部的环境和自己的长处，因而最后确定的目标总是这些东西的折中。这往往是主观的。一般来说最后确定的方向目标绝不是一个人的愿望。

(2) 约束和政策

这就是要找到环境和机会与自己组织资源之间的平衡。要找到一些最好的活动集合，使它们能最好地发挥组织的长处，并最快地达到组织的目标。这些政策和约束所考虑的机会是现在还未出现的机会，所考虑的资源是正在寻找的资源。

(3) 计划与指标

这是近期的任务，计划的责任在于进行机会和资源的匹配。但是这里考虑的是现在的情况，或者说是不久的将来的情况。由于是短期，有时可以做出最优的计划，以达到最好的指标。领导者以为他做到了最好的时间平衡，但这还是主观的，实际情况难以完全相符。

经营规划内容的制定处处体现了平衡与折中，都要在平衡折中的基础上考虑回答以下四个问题：

我们想要做什么？——确定目标

我们可以做什么？——确定方向

我们能做什么？——找到环境和机会与自己组织资源之间的平衡

我们应当做什么？——做出计划

这些问题的回答均是领导个人基于对机会的认识，基于对组织长处和短处的个人评价，以及基于自己的价值观和抱负而做出的回答。所有这些不仅限于现实，而且要考虑到未来。

在企业沙盘经营中，管理者必须在经营之初做好经营规划，思考以下几个问题：

(1) 企业想进入哪些市场？

(2) 企业想开发哪些产品？

(3) 企业想投资什么样的生产线？

(4) 企业是否需要进行 ISO 认证？

(5) 企业的融资策略是什么？

(6) 企业今年的市场投入(广告)策略是什么？

3. 经营规划的调整

企业沙盘经营中，我们要先做一个 6 年期的规划，6 年的资金预算、生产计划、采购计划、营销计划等一并做出，形成一套可行的方案。当然仅仅一套方案是不够的，事先要准备多套方案，这样可以在操作的过程中进行动态调整，经营规划的调整可根据图 4－11 的思路来操作。

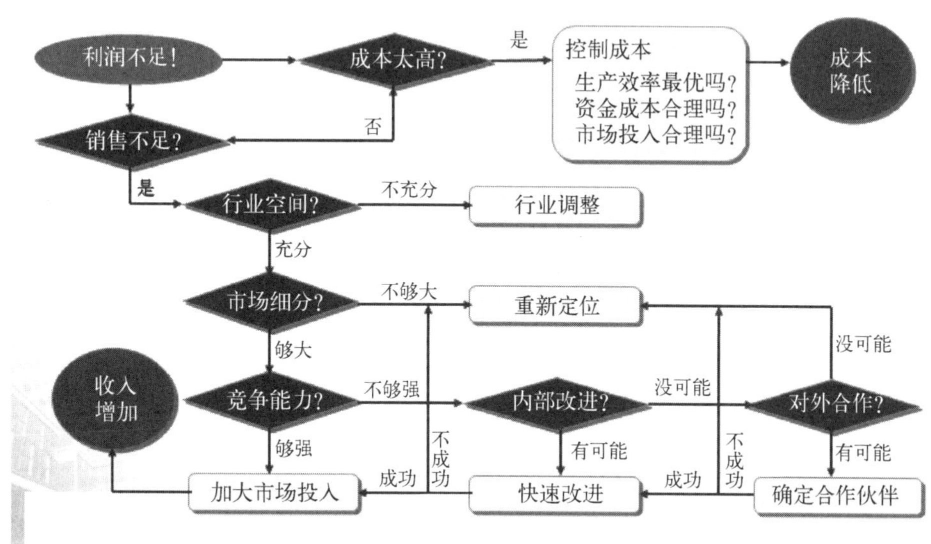

图 4－11　经营规划调整

【任务验收】

通过知识准备与业务操作的学习，你能够顺利完成任务吗？请试着将任务完成的情况或最终结论填写在表 4－4 中。

表 4－4　任务验收

序号	案例导入	完成情况或最终结论
1	什么是经营规划？	
2	经营规划的内容有哪些？	
3	如何做好企业的经营规划？	
4	如何做好经营规划的调整？	

任务四　科学管理时代
——生产与运营管理

【案例导入】

赚钱需要多少智慧

有个年轻人决定凭自己的智慧赚钱，就跟着别人一起来到山上，开山卖石头。

当别人把石块砸成石子，运到路边，卖给附近建筑房屋的人时，这个年轻人竟直接把石块运到码头，卖给了杭州的花鸟商人。因为他觉得这儿的石头奇形怪状，卖重量不如卖造型。

三年之后，卖怪石的年轻人，成了村里第一座漂亮瓦房的主人。

当地的鸭梨，汁浓肉脆，香甜无比。每到秋天，漫山遍野的鸭梨就会引来四面八方的客商。

鸭梨生意带来了小康日子，村民们欢呼雀跃。这时，那个卖怪石的年轻人却卖掉了果树，开始种柳。因为他发现，来这儿的客商不愁挑不上好梨，只愁买不到盛梨的筐。

5 年后，他成了村子里第一个在城里买商品房的人。

再后来，一条铁路从这儿贯穿南北。小小的山庄更加开放了。乡亲们由单一的种梨卖梨起步，开始发展果品加工和市场开发。

就在乡亲们开始集资办厂的时候，那个年轻人却在他的地头砌了一道三米高、百米长的墙。

这道墙面朝铁路，背依翠柳，两旁是一望无际的万亩梨园。坐火车经过这里的人，在欣赏盛开的梨花时，会看到四个醒目的大字：可口可乐。

据说这是五百里山川中唯一的广告。那道墙的主人仅凭此则广告，每年就有四万元的额外收入。

20 世纪 90 年代末，日本某著名公司的老板来华考察。当他坐火车经过那个小山庄的时候，听到了年轻人的故事，马上被他惊人的商业智慧所震惊，当即决定下车寻找此人。

当日本人找到这个年轻人时，他却正在自己店门口与对门的店主吵架。

原来，他店里的西装标价800元一套，对门就把同样的西装标价750元；他标750元，对门就标700元。一个月下来，他仅批发出8套，而对门的客户却越来越多，一下子批发出了800套。

日本人一看这情形，顿时失望不已。但当他弄清真相后，又惊喜万分，当即决定以百万年薪聘请他。原来，对面的那家店也是他开的。

当你在马路上散步的时候，当你坐在火车上向外眺望的时候，假如有一个相貌平平的人，说赚钱是一件很容易的事，仅需要一点点智慧就够了，你千万不要侧目，说不定他就是一个身价百万的人。

来源：http://www.xuexila.com/lizhi/gushi/183333.html

请完成以下任务：

1. 了解什么是产销排程，知道如何计算出合适的原材料订购数量。
2. 计算生产线的产能。
3. 了解什么是库存管理。
4. 进行产品盈利性分析。
5. 计算盈亏平衡点产量。

【知识准备与业务操作】

1. 产销排程

产销排程，也就是销售驱动生产与采购。当企业获取订单后，就可以编制生产计划和原材料采购计划。两者不冲突，可以同时编制。企业首先应了解各生产的初始状态，明确各生产线投产的时间，然后通过各生产线的生产周期计算每条生产线的产能和下原材料的时间和数量。

我们以生产P3为例，生产P3所需的原材料为2R2＋1R3，其中R2的订购提前期为1个季度，R3的订购提前期为2个季度，假设第3年年初我们有3条生产线生产P3产品，分别是1条手工线，1条半自动线，1条全自动线，每条生产线均有在制品，且在1 Q的位置。

手工线3个季度产一个产品，因此第3季度开始下一批生产，第3年的第2季度订购2个R2，第1季度订购1个R3；半自动线2个季度产一个产品，因此第3年的第2季度开始下一批生产，第3年的第1季度订购2个R2，第2年第4季度订购1个

R3；全自动线 1 个季度产一个产品，因此第 3 年的第 1 季度开始下一批生产，第 2 年的第 4 季度订购 2 个 R2，第 2 年的第 3 季度订购 1 个 R3。如表 4－5 所示。

表 4－5　产销排程表

生产线状态＼时间		第 2 年		第 3 年			
		3	4	1	2	3	4
手工线	开始下一批生产					√	
	原材料订购			1R3	2R2		
半自动线	开始下一批生产				√		
	原材料订购		1R3	2R2			
全自动线	开始下一批生产			√			
	原材料订购	1R3	2R2				
原材料订购合计		1R3	1R3＋2R2	1R3＋2R2	2R2		

以此类推，可根据生产线的类型和生产线生产的产品类型计算出合适的原材料订购数量。如果没有提前订购原材料，就只能紧急采购，紧急采购需要花费 2 倍的价格。

2. 产能管理

在任务二中我们了解到我们需要读懂市场预测，根据市场预测了解市场上各种产品的需求量，产能管理则是企业计算自身的产品供给量，只有准确计算各自的产能，才能根据产能估算各种类型产品的可接单数量，才有可能制定出好的广告策略。企业计算产能的计算表如表 4－6 所示。

表 4－6　企业产能管理计算表

生产线类型	年初在制品状态	各季度完工情况				年末在制品状态	产能
		1	2	3	4		
手工线	○○○					●○○	1
	●○○					○●○	1
	○●○					○○●	1
	○○●					●○○	2
半自动线	○○					○●	1
	●○					●○	2
	○●					○●	2
全自动/柔性线	○					●	3
	●					●	4

上表列出了所有生产线的所有可能状态。按照上表提供的计算方法，我们可以准确计算出本企业今年每个季度可产出的产品数量，为我们选单提供依据。值得注意的是，上表所计算出的产品数量，只是企业正常经营时的数量，并没有考虑转产、紧急采购、新生产线购置等因素。

3. 库存控制

供应商管理库存(Vendor managed inventory，简称 VMI)，供应商等上游企业基于其下游客户的生产经营、库存信息，对下游客户的库存进行管理与控制。

VMI 是一种在供应链环境下的库存运作模式，本质上，它是将多级供应链问题变成单级库存管理问题。相对于按照传统用户发出订单进行补货的传统做法，VMI 是以实际或预测的消费需求和库存量，作为市场需求预测和库存补货的解决方法，即由销售资料得到消费需求信息，供货商可以更有效地计划、更快速地反映市场变化和消费需求。

在企业沙盘经营中，我们也应该用 VMI 供应商管理库存模式，通过市场预测，了解消费者的市场需求，从而决定企业库存量，避免库存过多或者过少，影响企业的正常运转。

4. 经营决策

经营决策，就是企业等经济组织决定企业的生产经营目标和达到生产经营目标的战略和策略，即决定做什么和如何去做的过程。在企业沙盘经营中，我们以产品盈利性分析来谈谈企业的经营决策。

产品盈利性分析就是根据成本、销量、利润三者之间的关系，用来预测利润、控制成本的一种分析方法。产品盈利性分析的核心是盈亏平衡点的分析。盈亏平衡点是指在企业销量一定的情况下，企业的销售收入等于销售成本，即利润为零。以盈亏平衡点为分界线，销售收入高于此点则企业盈利，反之企业亏损。因此，在企业沙盘经营中，应掌握盈亏变化的规律，选择能够以最小的成本生产最多产品的经营方案。

如图 4-12 所示，横坐标表示销售数量，纵坐标表示销售金额。

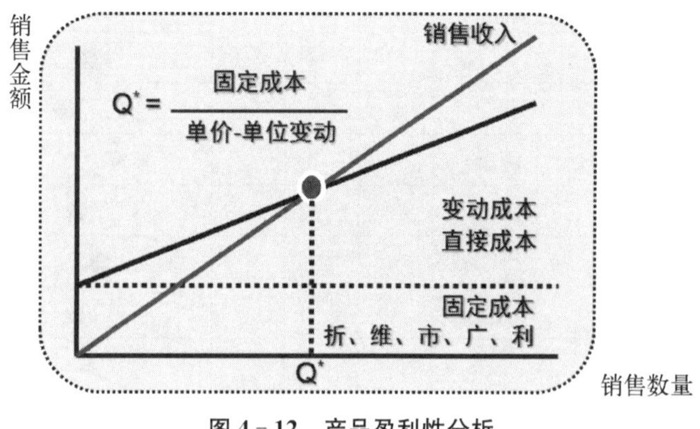

图 4-12　产品盈利性分析

由上图可知，销售金额和销售数量成正比；而企业成本支出分为固定成本和变动成本两块，固定成本和销售数量无关；成本曲线和销售金额收入曲线交点即为盈亏平衡点。

盈亏平衡点产量＝固定成本÷(单价－单位变动成本)

例如：P2 销售单价为 6，直接成本为 3，固定成本 24，则

盈亏平衡点产量＝24÷(6－3)＝8 个

以上计算结果表明，如果 P2 产品销售量不足 8 个，本产品本年度就是亏损的。

由此可知，产品亏损是由成本过高或者销量不足引起的，所以在企业日常经营活动中，应该尽可能地控制企业的成本，并且尽可能提高企业的销量，这样才能实现企业盈利的最大化。

【任务验收】

通过知识准备与业务操作的学习，你能够顺利完成任务吗？请试着将任务完成的情况或最终结论填写在表 4－7 中。

表 4－7 任务验收

序 号	案 例 导 入	完成情况或最终结论
1	什么是产销排程？	
2	如何计算出合适的原材料订购数量？	
3	如何计算生产线的产能？	
4	什么是库存管理？	
5	如何进行产品盈利性分析？	
6	如何计算盈亏平衡点产量？	

任务五　全面预算时代
——全面预算管理

【案例导入】

傻媳妇和面的故事

有一个傻媳妇的故事。傻媳妇在和面，不停地喊道："妈，水多了！"婆婆正在缝被子，回喊："加面！"傻媳妇又喊："妈，面多了！"婆婆又喊："加水！"最后，傻媳妇喊："妈，面盆装不下了！"婆婆喊："要不是我把自己缝进被子里，我非揍你不可！"

听了这个故事，你一定会哈哈大笑。然而，企业又何尝不是经常出现这样的问题呢？当资源只有两种形式时，或许企业能很好地把握住资源的比例分配，而当资源形式多的时候，做到及时合理地分配绝非易事。因此，在企业的经营过程中，预算管理起着至关重要的作用。有了预算控制，企业可以将未来一切"掌握在手中"，使经营风险和财务风险得到有效的控制。

（资料来源：http://www.canet.com.cn/caiguan/ysgl/201603/516172.html）

请完成以下任务：

1. 了解什么是企业预算。
2. 了解销售量计算准确所需具备的条件有哪些。
3. 学会填写预算编制表。

【知识准备与业务操作】

预算管理的目的是落实战略，因此编制年度计划预算时，必须考虑企业的战略目标。例如在做销售预算时，销售价格的确定要考虑企业所选择的竞争战略，是成本领先还是差异化或集中化战略。比如，如果企业选择差异化战略，则为了使本企业的产品与其他同类产品相比具有独特之处，往往需要额外的成本费用，那么在确定产品价格时，在基本情况的基础上更需要考虑这部分额外的花费。

1. 企业预算

企业预算是对整个企业的运作作一个全盘的计划。ERP 对此提供了实用的工具，也提供了一套预算的思路。

(1) 销售量计划

根据历史的产品销售数量，结合市场趋势和产品定价，制定明年销售量的预测。

(2) 价格预测

公司计划部门结合政府部门对产品的限价、公司定价策略、今年的实际价格以及业务员对未来市场的预测等等因素，制定价格预测。

(3) 产品标准成本计算

根据销售量计划，结合产品的生产工艺和物料单(BOM)，计算产品的标准成本，并分析成本构成。

(4) 间接费用计划

营销部、财务部和总经理办公室等销售和管理部门制定间接费用预算。

(5) 差距分析和预算调整

汇总各级各部门预算，分析预算利润和管理预期的差距，进一步调整预算。

(6) 预算通过并冻结修改

一致通过企业预算，并冻结修改。

我们知道，在实际运作中，一个企业各部分的职能是相互牵连的。销售、生产、采购之间存在着相互的影响和制约。而这些业务职能最终会给企业带来收入和成本，从而影响整个企业的经济效益。这种牵连有时会变得非常复杂。特别是当企业的规模增大，产品线增加，或是企业的市场变得复杂时，就更是如此。

企业预算是对整个企业的运作做一个全盘的计划，准确地分析各职能之间的互动关系，抽丝剥茧，将企业运作的全貌展现在管理者面前的过程。

2. 预算的编制理论

管理理论认为管理的三大职能是：计划(Planning)、控制(Controlling)和决策(Decision-making)。企业预算(即计划)是实现这三大职能的重中之重。企业运作时，真实数据通过 ERP 反馈回来，跟预算计划数据作比较可以揭示问题的症结，管理者对症下药，这就是控制。通过前瞻性的计划，预警危险，管理者及时防范，考虑各种对策的可行性，择其善者而为之，这就是决策。我们希望运用 ERP 的企业预算工具，能给企业管理者一幅前瞻性的企业全貌，同时成为加强企业控制、考核和决策的科学依据。

ERP 系统提供了灵活的工具来编制预算，本预算步骤只是运用这些工具加以组织的一种可能。在项目实施中，对预算编制步骤的设计将通过深入分析企业个体的经营活动来确定。

销售量计划是企业预算的基础。在这个步骤，企业的销售部门将尽可能准确地回答这样一个问题：企业将在何时、何地，以何种方式向何人销售多少数量的何种物品。要使销售量计划尽可能准确，必须具备以下基础：

(1) 市场细分

对于一般企业来说，它所面对的一个大市场是由千差万别的细分市场构成的。当我们编制销售量计划时，出于以下两点考虑，不可能直接做整个市场的计划：

1) 销售量的变化规律存在于各个不同的层次，如产品需求的季节性变化对于空调和电视机是截然不同的，而电视机需求的增长率，可能和各个省份或地区有关。

2) 生产计划和采购计划的制定要求将销售量的计划按客户所在地区和地理相关的方式细分。

因此，我们将首先把一个大市场(如家电)，按各种标准划分成不同的小市场，即所谓的细分市场；继而针对各细分市场编制出更精确的销售量计划；最后汇总出各个层次统一的整体计划。

(2) 实际数据接收和处理

对企业集成计划来说，实际数据具有以下两个作用：

1) 控制经营活动。业务经营实际的结果将分别以财务会计和管理会计信息的形式反馈给系统。通过和计划数据比较，分析出不同性质的量化的差异。根据这些差异我们可以找到发生问题的地方并采取必要的管理手段，进而强化对实际经营活动的控制。

2) 支撑预测。作为已经发生过的历史数据，实际数据里隐藏着市场的规律，当我们需要预测未来的销售量时，通过对过去的分析，就可以得到未来的蓝图。

(3) 计划的结构

将市场作多角度多方位的细分这种方法，使我们可以按照不同细分市场的特点和规律安排我们的计划。但是这么多审视的角度，如果不加以组织很容易造成计划的遗漏和重复，甚至是一片混乱。譬如，有人认为应该按产品类别做计划，也有人说，关注大客户，做好大客户的销售计划才是正道。同时即使按客户做计划，还可以是按客户的类别、地区、规模等等来做。因此使用市场细分的概念来安排计划必然遇到的问题是：如何保证计划的一致和完整？

预算理论在企业中的应用已经有很长的历史了。然而在企业实务中仅仅是汇总各部门的预算就已经是一件令人头疼的事，更别提预算本身是否能自圆其说，准确度究竟有多高。ERP在预算领域提供的不仅是一种工具，也是一种思路。比如市场细分、标准成本等。当然预算终究是预算，它的目的不是绝对的精确，但毕竟是经营活动的依据，当实际偏离计划时，我们需要足够的信息找到偏离的原因。

3. 企业沙盘预算编制表

在企业经营模拟沙盘中，模拟企业的总经理在每年年初会同财务经理、销售经理、采购经理和生产经理召开新年度规划会议，结合年初或者上一年的经营情况对市场进行预测和分析，制定新年度的销售目标。目标一旦确定，与之配套的生产采购预算、资金预算等的编制必须紧跟着落实，这就是一套有顺序且环环相扣的预算编制。企业经营沙盘的预算编制表如表4－8所示。

表4－8　预算编制表

	1	2	3	4
期初库存现金				
支付上年应交税				
市场广告投入				
贴现费用				
利息(短期贷款)				
支付到期短期贷款				
原料采购支付现金				
转产费用				
生产线投资				
工人工资				
产品研发投资				
收到现金前的所有支出				
应收款到期				
支付管理费用				
利息(长期贷款)				
支付到期长期贷款				
设备维护费用				
租金				
购买新建筑				

续表

	1	2	3	4
市场开拓投资				
ISO 认证投资				
其他				
库存现金余额				

【任务验收】

通过知识准备与业务操作的学习，你能够顺利完成任务吗？请试着将任务完成的情况或最终结论填写在表 4-9 中。

表 4-9 任务验收

序号	案例导入	完成情况或最终结论
1	什么是企业预算？	
2	销售量计算准确所需具备的条件有哪些？	
3	你会填写预算编制表了吗？	

项目五
企业认知软件篇

◆ 项目综述 ◆

在企业认知沙盘模拟运营中，为了顺利进行各年度的操作，教师和各企业都必须熟练运用实训过程中的各项工具。只有掌握了这些工具，才能发挥出各自的应有水平，达到最佳的经营业绩。

◆ 学习目标 ◆

1. 熟悉基础的记录工具
2. 掌握企业订单查询和报销查询的方法
3. 学会销售成本和财务分析

◆ 重点难点 ◆

能够灵活运营各项分析工具

任务一　基础信息记录工具介绍

【案例导入】

基础信息如何录入

每个班级都有自己独立的运营体系吗？企业认知的数据如何录入呢？企业的广告怎么投放？企业如何拿到自己想要的订单？这些事情需要系统操作吗？带着种种疑问，我们进入该章节的学习。

请完成以下任务：

1. 新建一个班级的运营软件，输入班级信息。
2. 录入各企业的广告数据，进行广告投放。
3. 熟悉各个市场的订单选择操作。
4. 完成经营年度报表的录入。

【知识准备与业务操作】

1. 软件的运行

(1) 录入课程的相关信息

在屏幕下方的编辑区中，输入本次课程的相关信息，如班级、日期等，如图 5－1 所示。输入完成后，单击右下角的“确定输入”按钮。

提示：

课程信息一经确认（点击“确认输入”后），“确定输入”按钮随即消失，课程信息不可更改。如输入错误，需重新打开软件，重复上述操作。

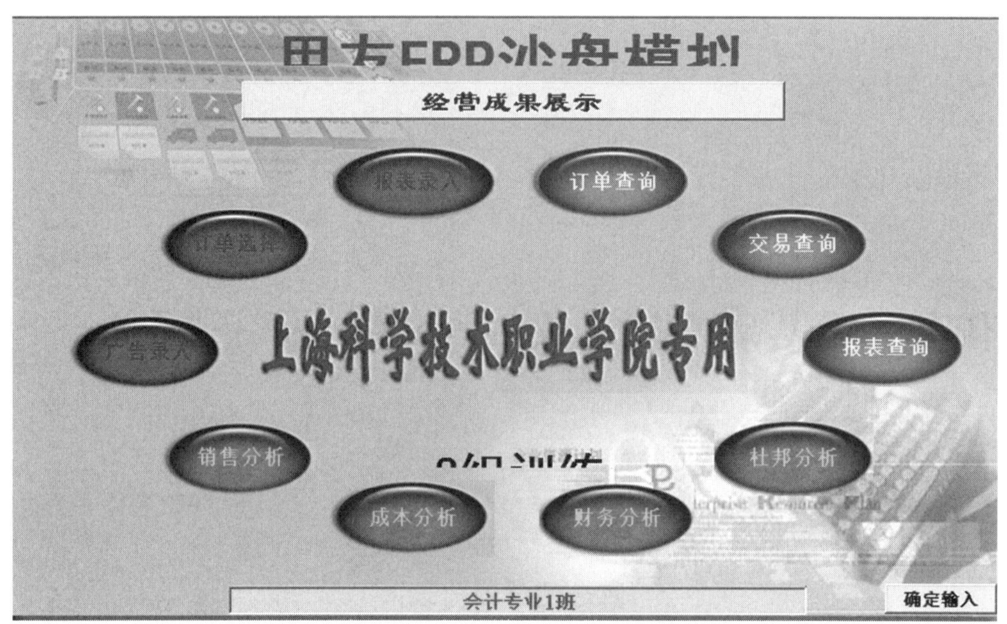

图 5-1　录入课程班级信息

(2) 输入各组人员信息

点击“报表录入”按钮,选择要录入的公司,进入报表录入界面,如图 5-2 所示。

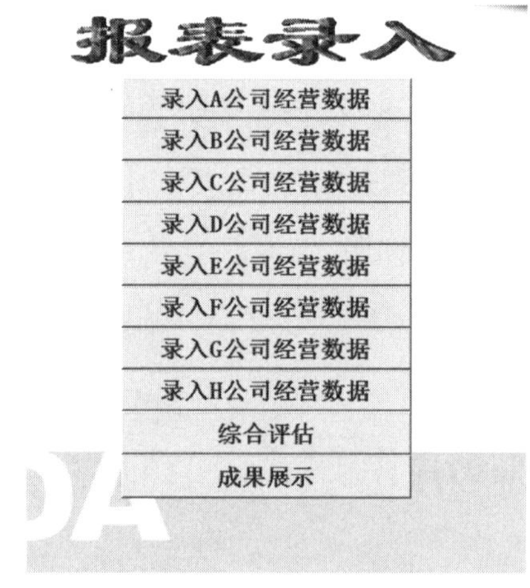

图 5-2　报表录入界面

在该界面的右上角,可以按照该公司岗位角色,将相关人员录入到系统内。如果模拟的公司有具体名称的话,也可将公司的名称输入到屏幕中间的“模拟公司名称”的位置。

(3) 数据安全

每当数据录入完成后,为避免有意或无意的差错造成数据丢失,需要经常选择

“文件”—“保存”保存数据。

2. 广告录入

每年企业经营开始的首要环节，就是销售会议与获取订单。广告录入功能就是把各企业在各市场各产品上投入的广告费用输入到系统中，为下一步的订单选择、报表自动生成、广告效益分析提供基础数据。

单击“广告录入”，进入广告录入界面，如图 5－3 所示。

广告录入

录入第一年广告
录入第二年广告
录入第三年广告
录入第四年广告
录入第五年广告
录入第六年广告
录入第七年广告
录入第八年广告
成果展示

图 5－3　广告录入界面

从图中可以看出，广告费的录入按年度进行，单击屏幕右下角的箭头可以返回分析工具主界面。单击“录入第一年广告费”，进入“第一年广告登记”界面，如图 5－4 所示。

第一年广告登记

封存广告单

	（本地）						（区域）						（国内）						（亚洲）						（国际）						广告合计
	P1	P2	P3	P4	9K	14K	P1	P2	P3	P4	9K	14K	P1	P2	P3	P4	9K	14K	P1	P2	P3	P4	9K	14K	P1	P2	P3	P4	9K	14K	
A																															
B																															
C																															
D																															
E																															
F																															
G																															
H																															

图 5－4　第一年广告登记界面

图中，A、B、C、D、E、F、G、H 分别代表八个相互竞争的模拟企业，广告费是分市场、分产品投放的。按照各组的“广告登记表”填写对应的广告费，系统自动计算各企业广告合计显示于“广告合计”列中。

广告费输入确认无误后，双击“封存广告单”，封存本次输入的广告费数据。所谓封存，即无法再次进入本界面对本年的广告数据进行修改。

在“广告登记”窗口双击“封存广告单”后，年度广告登记窗口的“录入第一年广告费”，按钮变为灰色，不能被再次使用。所以，输入广告费时，应一次性将所有模拟公司的广告费输入完成后，再按“封存广告单”按钮。

在广告登记窗口双击“封存广告单”后，直接进入“订单签约”界面，如图5－5所示。在该窗口可以选择进入不同的市场开始获取订单。一般是按照本地市场、区域市场、国内市场、亚洲市场和全球市场的顺序进行竞单，也可以选择某一市场进入竞单。

UFIDA用友软件

订单签约

第一年	本地市场选单	区域市场选单	国内市场选单	亚洲市场选单	国际市场选单
第二年	本地市场选单	区域市场选单	国内市场选单	亚洲市场选单	国际市场选单
第三年	本地市场选单	区域市场选单	国内市场选单	亚洲市场选单	国际市场选单
第四年	本地市场选单	区域市场选单	国内市场选单	亚洲市场选单	国际市场选单
第五年	本地市场选单	区域市场选单	国内市场选单	亚洲市场选单	国际市场选单
第六年	本地市场选单	区域市场选单	国内市场选单	亚洲市场选单	国际市场选单
第七年	本地市场选单	区域市场选单	国内市场选单	亚洲市场选单	国际市场选单
第八年	本地市场选单	区域市场选单	国内市场选单	亚洲市场选单	国际市场选单
成果展示					

图5－5 订单签约界面

3. 订单选择

从分析工具主界面中直接单击“订单选择”，也可以直接进入“订单签约”界面。同样，单击屏幕右下角的箭头可以返回分析工具主界面。

订单签约窗口中的市场选择按钮是随经营年份开启的，录入了第几年的广告费用，并且将广告费封存，则开启哪年的市场按钮。如：录入完第二年的广告费，且封存完毕，在图5－5的订单签约窗口中，可以且只能通过第二年的市场选单按钮，进入选单窗口。按其他年份的市场选单按钮，将没有任何反应，此时按其他年份的按钮是不会切换到市场选单窗口的。

每年度的销售会议是按市场进行的，按照本地市场、区域市场、国内市场、亚洲市场和全球市场的顺序依次进行。下面以第一年本地市场选单为例说明订单签约的操作流程。

(1) 订单签约主界面中，选择第一年“本地市场选单”，进入本地市场选单界面，如图 5－6 所示。

P1放单　　第一年本地市场　P1　　P1重新选单

公司	P1	9k	14k	广告总合	上年排名
A	1			1	
B	3			3	
C	10			10	
D	6			6	
E	6			6	
F	2			2	
G	8			8	
H	2			2	

P1订单　P1订单　P1订单　P1订单　P1订单　P1订单

P1
选单

P1订单　P1订单　P1订单　P1订单　P1订单　P1订单

图 5－6　第一年本地市场选单界面

(2) 单击右上角“P1 重新选单”，将 P1 订单数据恢复原始状态(即盖板未翻开状态)。

(3) 单击左上角“P1 放单”，把数据库中第一年订单数据调入当前订单。

(4) 左侧的表格列示了六个企业 P1 广告费、认证费的投入情况以及上年排名情况，其中，产品标号列：所展现的数据是本年度各企业在该产品上投入的广告费；“9 K”和“14 K”列：分别代表 ISO9000 和 ISO14000 的广告投入；“广告总和”列：本年度公司在本市场投入的广告费总和，即：P1、P2、P3 和 P4 广告费加上“ISO9000”和“ISO14000”广告费用的合计；上年排名列：上一年各企业在该市场销售总额的排列名次，上年销售额最高的排名为“1”，依此类推。

提示：

左侧表格只是将与选单有关的数据列示，选单由教师根据预先设定的规则(如下按产品广告、市场总广告，再按上年排名等进行选单排名)进行。

如果是第一年竞单，只根据各企业广告投入情况决定竞单顺序。广告栏下方红色的数字是各企业对于本地市场 P1 订单总需求量的合计(按 1 单位广告可获得一张订单的机会，再多 2 单位的广告才能获得另一张订单的机会计算而得)，可以参照这个订单需求总数决定翻开订单的数量。本例中，总的需求量是 14 张订单，总的供给量只有 6 张，因此，按照规则需要打开全部订单。

提示：

如果总需求量小于总供给量，如需求 3 张供给 6 张，这时可以有以下三种方式可供选择：

√按订单排列顺序打开前 3 张订单。

√从 6 张订单中任意打开 3 张订单。

√打开全部 6 张订单，但只允许选择其中的 3 张订单。

双击标有“P1 订单”的盖板，即可翻开某张订单，然后按照市场排名的先后依次选择订单。如果某企业选定一张订单后，只需要将光标移到该张订单下方的空格，在空格的右下角即可出现下拉箭头，点击该箭头，从下拉列表框中选择该企业标识，如“D”或“A”等，如图 5－7 所示。

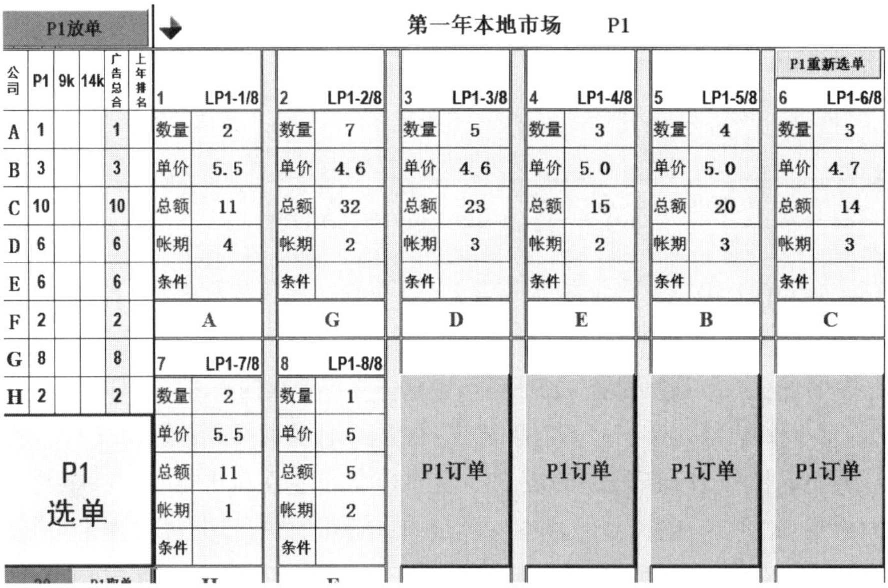
P1放单
第一年本地市场 P1
P1重新选单
公司 P1 9k 14k 广告总合 上年排名
A 1 1
B 3 3
C 10 10
D 6 6
E 6 6
F 2 2
G 8 8
H 2 2
1 LP1-1/8 数量 2 单价 5.5 总额 11 帐期 4 条件 A
2 LP1-2/8 数量 7 单价 4.6 总额 32 帐期 2 条件 G
3 LP1-3/8 数量 5 单价 4.6 总额 23 帐期 3 条件 D
4 LP1-4/8 数量 3 单价 5.0 总额 15 帐期 2 条件 E
5 LP1-5/8 数量 4 单价 5.0 总额 20 帐期 3 条件 B
6 LP1-6/8 数量 3 单价 4.7 总额 14 帐期 3 条件 C
7 LP1-7/8 数量 2 单价 5.5 总额 11 帐期 1 条件
8 LP1-8/8 数量 1 单价 5 总额 5 帐期 2 条件
P1订单
P1订单
P1订单
P1订单
P1
选单

图 5－7 按市场排名依次选单

（5）当所有订单选择完成后，单击“取单”，订单数据自动保存，供后续订单查询、交易查询、报表查询等环节使用。

提示：

一个产品的订单需全部确定选择单位后，再单击“取单”。

已经确定取单后，要改变订单归属，可以点击“重新选单”，如图 5－7 中“P1 重新选单”，直接执行第（4）、（5）步。

（6）所有产品选单完成后，单击本页最上端菱形按钮返回分析工具主界面。

4. 报表录入

每一年经营运作过程结束后，各企业要编制利润表和资产负债表，这两张表也是进行后续统计分析的主要数据源。

在系统主界面点击“报表录入”按钮，进入公司报表录入选择窗口，如图 5 - 2 所示。该窗口提供两个各公司经营数据的入口：通过录入公司经营数据的按钮，进入各企业各年经营数据输入窗口，通过“综合评估”按钮进入企业综合实力数据录入窗口。同时，通过“成果展示”按钮也可进入各年经营结果展示窗口。

(1) 录入企业经营数据

每一年的企业经营数据是按照各企业分别录入的，其录入数据的窗口如图 5 - 8 所示。

年份	管理费	广告费	设备维护	厂房租金	转产费	市场开拓	ISO认证	产品研发	其它	总计	P1			P2			P3			P4		
											收入	数量	成本	收入	数量	成本	收入	数量	成本	收入	数量	成本
1年																						
2年																						
3年																						
4年																						
5年																						
6年																						
7年																						
8年																						

成员名单	
总裁	
营销主管	
财务主管	
生产主管	
供应主管	
财务助理	
营销助理	
生产助理	
供应助理	

模拟公司名称

利润表

项目	1	2	3	4	5	6	7	8
销售收入								
直接成本								
毛利								
综合费用								
折旧前利润								
折旧								
息前利润								
财务收/支								
额外收/支								
税前利润								
税								

资产

流动资产	1	2	3	4	5	6	7	8
现金								
应收								
在制品								
产成品								
原材料								
流动合计								
固定资产								
土地和建筑								
机器设备								
在建工程								
固定合计								

负债+权益

负债	1	2	3	4	5	6	7	8
长期负债								
短期负债								
应付款								
应缴税								
1年期长贷								
负债合计								
权益								
股东资本								
利润留存								
年度利润								
权益小计								

图 5 - 8　录入企业经营数据

在该窗口中可以录入四张反映企业经营状况的报表，分别是“综合费用表”、“产品销售统计表”、“利润表”和“资产负债表”。前两张表为横向表，列为项目，行为各年数据；后两张为纵向表，行为项目，列为各年数据。

1) 综合费用表(左上角区域)。

根据学员手册中的“综合费用明细表”填列，其中黄色的总计项是非输入项，由系统自动生成。

2) 产品销售统计表(右上角区域)。

根据学员手册中“产品核算统计表”填列，该区域销售收入和数量栏显示的数字是从企业本年选择的订单数据中汇总而来，成本栏数据是根据给产品的标准成本计算出来的。考虑到训练时模拟公司之间存在着产品交易，实际交易数据与订单交易有所偏差，所以本区域所有数据均可修改。

3）利润表（左下角区域）。

根据学员手册中的“利润表”填列。只需要在白颜色单元中输入数据，其中：“折旧”行直接填入提取的折旧总数（正数），“财务收/支”项直接以正数输入贷款利息及贴现费用；“额外收/支”项根据收支属性以正数或负数填入，其他项自动计算。

4）资产负债表（右下角区域）。

根据学员手册资产负债表填列。同样只需要在白颜色单元中输入数据，其他项自动计算。所有数据录入完成后，单击左上角菱形按钮返回。

提示：

在录入时，需要特殊注意的是，应该将数据根据相应的经营年份，填入对应年份的行或列中，否则展示和分析的数据将不会准确。

（2）企业经营成果展示

每一年企业竞争模拟结束后，可以单击“成果展示”查看各企业经营成果，如图5－9所示。

年份 公司	起始年	1	2	3	4	5	6	7	8
A	66 2	48 -18	30 -18	22 -8	33 11	30 -3	26 -4		
B	66 2	54 -12	56 2	73 17	84 11	98 14	100 2		
C	66 2	48 -18	43 -5	33 -10	38 5	29 -9	20 -9		
D	66 2	54 -12	41 -13	31 -10	29 -2	19 -10	6 -13		
E	66 2	49 -17	37 -12	45 8	58 13	66 8	89 23		
F	66 2	49 -17	51 2	63 12	69 6	82 13	89 7		
G	66 2	51 -15	35 -16	41 6	43 2	49 6	49		
H	66 2	54 -12	32 -22	25 -7	25	28 3	17 -11		

图5－9　企业经营成果

该图反映各企业各年的所有者权益和净利润。每年的经营结果数据为两行，第一行是本年所有者权益，第二行为企业当年净利润数值，即当年对权益的贡献情况。如果当年对权益的贡献是负数（亏损），则用红字表示。当权益或净利润为零时，零值不显示；当权益为负数时，表示企业已经资不抵债，企业倒闭。

每年年初订货会结束后，将各公司在各市场中的订单销售额作汇总统计，排除当年的市场地位，销售额第一的公司为市场老大。本年度的市场排名将作为下年度市场订货会时，排定选单顺序的一个条件。

单击窗口右下角的图案，可以退出展示窗口，返回到主界面。

(3) 企业评估

当训练结束时，系统提供对企业运行结果的综合评估总结。当竞赛时，可以作为评判优胜的最后结果。对企业的综合评估是以企业的硬设备和软资产两方面因素作为权重，以企业最终获得的权益为基数计算。此项评分可以在经营四年以后的各年中进行。具体操作如下：

1) 在报表录入选择窗口中单击"综合评估"，进入企业综合评估界面，如图 5－10 所示。

Score	Y	Input "Y" for Calculating							Score=权重系数*权益
◆	A	B	C	D	E	F	G	H	权重系数按下列条件计算
大厂房	1	1	1	1	1	1	1	1	+15
小厂房	1	1			1	1	1		+10
手工生产线	3	3	5	3	7	4	3	4	+5/条
半自动生产线	3	3	1	1	2	2	2	1	+10/条
全自动/柔性线					1		1	1	+15/条
区域市场开发	1			1	1	1		1	+10
国内市场开发	1	1	1		1	1	1	1	+15
亚洲市场开发					1	1	1	1	+20
国际市场开发									+25
ISO9000							1		+10
ISO14000									+10
P2产品开发	1	1			1	1	1	1	+10
P3产品开发			1		1				+10
P4产品开发									+15
本地市场地位					1				+15/第五年市场第一
区域市场地位						1			+15/第五年市场第一
国内市场地位					1				+15/第五年市场第一
亚洲市场地位							1		+15/第五年市场第一
国际市场地位									+15/第五年市场第一
高利贷次数									请在左边空格中输入扣分次数，在右边的空格中输入每次扣分的分数
其他扣分									请在左边空格中直接输入扣除的总分

图 5－10 企业综合评估

2) 深色部分的数据系统自动从经营报表中获得，不能更改。浅色部分的数据需要根据各公司的情况输入。

3) 除生产线和扣分纪录数据之外，其余数据均不大于 1，如产品开发完成便可在相应的产品开发处输入 1。生产线则输入实际拥有的建设完成并投入生产的数量。

4）扣分是对违规企业的必要的处罚，可以认为是企业信誉降低带来的权益损失。本软件提供两种扣罚方法，一种是按照违规次数进行的扣分，一种是直接扣除的分数总计。第一种扣分需要在左边的表格中输入违规次数，并在右边说明中指定的地方输入每次扣分的标准（如 4 分/次，则输入 4），此标准是教师在训练之前约定的，除了系统设定的高利贷扣分外，也可用此栏进行其他约定的扣分，比如迟交报表扣除 3 分/次等。第二种扣分是直接在“其他扣分”项输入要扣除的总分数即可。

特别提示：

扣分项不作为权重系数的减项，而是最后加权得分后的减项，直接从总分中减除。

5）当所有输入完成之后，在屏幕左上角所标注的输入区域输入“Y”，表示输入完成并希望查看评分。

6）单击左上角菱形按钮返回，系统自动计算各组总分。

完成以上操作后，重新进入成果展示窗口，即可在成果展示的总分栏中看到各模拟公司的最后得分，如图 5-11 所示。

年份 公司	起始年	1	2	3	4	5	6	7	8	市场地位
A	66 2	48 -18	30 -18	22 -8	33 11	30 -3	26 -4			53.3
B	66 2	54 -12	56 2	73 17	84 11	98 14	100 2			195.0
C	66 2	48 -18	43 -5	33 -10	38 5	29 -9	20 -9			35.0
D	66 2	54 -12	41 -13	31 -10	29 -2	19 -10	6 -13			9.0
E	66 2	49 -17	37 -12	45 8	58 13	66 8	89 23			258.1
F	66 2	49 -17	51 2	63 12	69 6	82 13	89 7			209.2
G	66 2	51 -15	35 -16	41 6	43 2	49 6	49			120.1
H	66 2	54 -12	32 -22	25 -7	25	28 3	17 -11			36.6

图 5-11　企业经营结果查询

在对经营进行评估中，有以下几种情况的企业，将不能参加最后的评比。

√评比年份权益为负数的企业（破产企业）。

√在运行过程中股东进行过增资，即评比年份的股东资本与第一年的股东资本不一致的企业。

√评比年权益合计为零的企业。

【任务验收】

通过知识准备与业务操作的学习，你能够顺利完成任务吗？请试着将任务完成的情况或最终结论填写在表5－1中。

表5－1　任务验收

序号	案例导入	完成情况或最终结论
1	你学会新建一个班级的运营软件，输入班级信息了吗？	
2	你知道如何输入各企业投放的广告数据了吗？	
3	你熟悉市场的订单选择的操作了吗？	
4	你知道如何完成经营年度报表的录入了吗？	

任务二　数据查询

【案例导入】

A公司的困惑

A公司是本地市场的一家大型企业，近年来市场运营状态良好，在本地市场P1、P2、P3都占了一半以上的销量。因市场份额较大，广告投放额巨大，A企业的营销总监经常忘记记录自己究竟投放了多少广告。在选单环节忙于选单，忘记记录自己选择了哪些订单，造成了订单的混淆。

请完成以下任务：

1. 找到搞混淆的订单。
2. 高效地了解自己的广告投放量和市场份额。
3. 查看上一年报表数据。

【知识准备与业务操作】

数据查询提供对企业运营流程中的关键数据进行查询的功能，主要包括订单查询、交易查询、报表查询。

1. 订单查询

订单查询提供各企业每年所获得的订单详细资料，如有可能，在交单时可以利用表中的完成栏，记录订单的完成情况，如图5-12所示。

2. 交易查询

交易查询主要通过图5-13所示的窗口，分年度查看各企业在各市场投入广告费、取得的按产品分类订单销售额和数量的汇总情况。

序号	年份	市场	产品	数量	价格	收入	帐期	条件	编号	完成
1	2	本地	P1	3	4.3	13	3		LP1-5/8	
2	2	区域	P1	3	5	15	4		RP1-2/4	
3	2	区域	P1	1	4	4			RP1-3/4	
4	2	区域	P2	2	6.5	13	2		RP2-3/4	
5	3	区域	P1	3	4	12	2		RP1-3/3	
6	3	国内	P1	3	5.3	16	3		DP1-4/6	
7	4	本地	P1	2	4	8			LP1-7/8	
8	4	区域	P1	2	5	10	3		RP1-3/3	
9	4	区域	P2	3	7.3	22	2		RP2-5/6	
10	4	国内	P1	4	4.5	18	4		DP1-6/6	
11	5	本地	P1	2	5	10	4	加急	LP1-6/7	
12	5	区域	P1	3	4.7	14	4		RP1-3/4	
13	5	区域	P2	2	6.5	13	3		RP2-2/5	
14	6	本地	P1	2	4	8	2	加急	LP1-4/5	
15	6	区域	P1	1	5	5	2		RP1-1/3	
16	6	区域	P2	2	7	14	1		RP2-2/5	
17	6	国内	P1	3	3.3	10	2		DP1-3/5	

A

图 5-12　A 企业订单查询界面

第三年订单

公司	项目	本地						区域						国内						亚洲						国际					
		P1	P2	P3	P4	9K	14	P1	P2	P3	P4	9K	14	P1	P2	P3	P4	9K	14	P1	P2	P3	P4	9K	14	P1	P2	P3	P4	9K	14
A	广	1						6	1					1																	
	额							12						16																	
	数							3						3																	
B	广	1	1												1																
	额	11	27																												
	数	2	3																												
C	广	2												2																	
	额	19												9																	
	数	4												2																	
D	广	10						4																							
	额	27						5																							
	数	6						1																							
E	广	1		1				1	1						1	1															
	额	5		15					17						16																
	数	1		2					2						2																
F	广	3												1	1																
	额	10												14	31																
	数	2												3	4																
G	广	5	1											4	1																
	额	15	14											20	9																
	数	3	2											4	1																
H	广	6						4						3																	
	额	23						9						25																	
	数	5						2						5																	

###			
###	###	###	###
8	1		
28			
6			
1	2		
11	27		
2	3		
4			
28			
6			
14			
32			
7			
2	2	2	
5	33	15	
1	4	2	
4	1		
24	31		
5	4		
9	2		
35	23		
7	3		
13			
57			
12			

图 5-13　第三年交易查询界面

3. 报表查询

报表查询功能提供了分年度各企业利润表和资产负债表的汇总情况,如图 5-14 显示了第三年参与竞争的各企业的利润表,可以横向比较各企业的经营状况。查询表中的数据均取自各企业当年的经营数据,不能在此页面对这些数据进行修改。

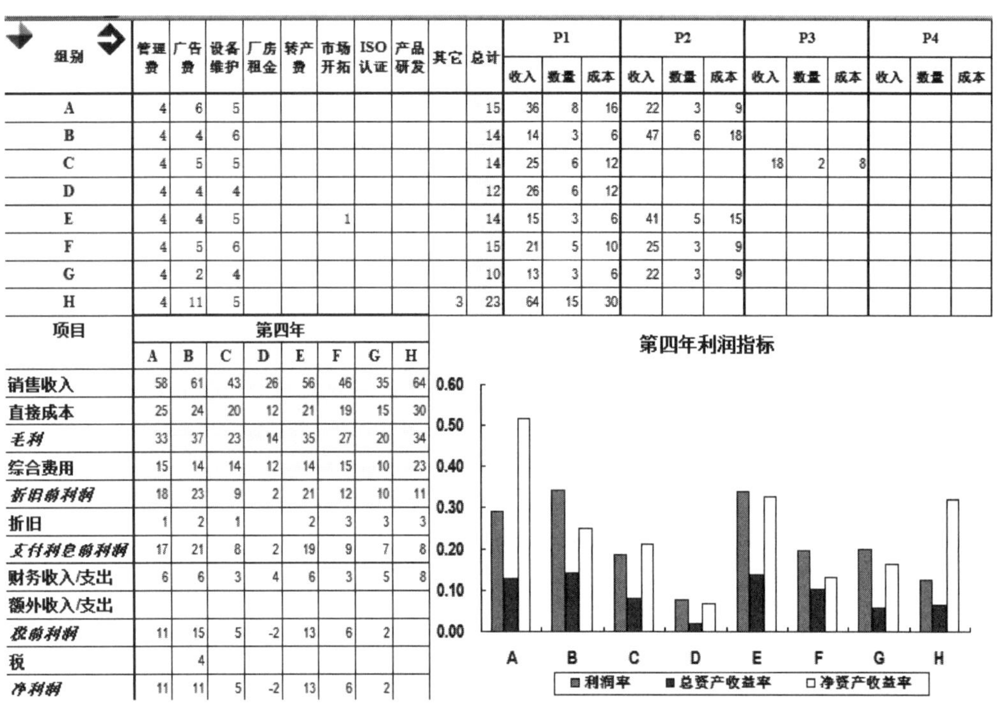

组别	管理费	广告费	设备维护	厂房租金	转产费	市场开拓	ISO认证	产品研发	其它	总计	P1			P2			P3			P4		
											收入	数量	成本	收入	数量	成本	收入	数量	成本	收入	数量	成本
A	4	6	5							15	36	8	16	22	3	9						
B	4	4	6							14	14	3	6	47	6	18						
C	4	5	5							14	25	6	12				18	2	8			
D	4	4	4							12	26	6	12									
E	4	4	5			1				14	15	3	6	41	5	15						
F	4	5	6							15	21	5	10	25	3	9						
G	4	2	4							10	13	3	6	22	3	9						
H	4	11	5						3	23	64	15	30									

项目	第四年							
	A	B	C	D	E	F	G	H
销售收入	58	61	43	26	56	46	35	64
直接成本	25	24	20	12	21	19	15	30
毛利	33	37	23	14	35	27	20	34
综合费用	15	14	14	12	14	15	10	23
折旧前利润	18	23	9	2	21	12	10	11
折旧	1	2	1		2	3	3	3
支付利息前利润	17	21	8	2	19	9	7	8
财务收入/支出	6	6	3	4	6	3	5	8
额外收入/支出								
税前利润	11	15	5	-2	13	6	2	
税		4						
净利润	11	11	5	-2	13	6	2	

图 5-14 第四年报表查询

查询结束时,可单击左上角的向右箭头,进入资产负债表显示界面,或是单击菱形图标返回报表查询选择窗口。

【任务验收】

通过知识准备与业务操作的学习,你能够顺利完成任务吗?请试着将任务完成的情况或最终结论填写在表 5-2 中。

表 5-2 任 务 验 收

序 号	案 例 导 入	完成情况或最终结论
1	你知道如何查找丢失或混淆的订单吗?	

续表

序 号	案 例 导 入	完成情况或最终结论
2	你知道如何查看自己的广告投放量和市场份额吗?	
3	你知道如何查看报表数据吗?	

任务三　统计分析

【案例导入】

销售经理和财务经理的会议

第三年末，B公司出现了严重的财务危机，资金入不敷出，CEO通知销售经理和财务经理召开紧急会议。财务经理说公司的成本过高，资金周转率较低是造成公司危机的主要原因，销售作为公司的主力，花费了大量的人力、物力和财力去开拓新的市场和研发新产品，造成公司资金断流。销售经理郁闷地说，我负责开发市场，研发产品、投放广告还不是为了公司能有更好的发展吗？究竟问题出在哪里呢？

请完成以下任务：

1. 了解什么是销售分析，如何计算广告投入产出比。
2. 了解成本分析的指标有哪些。
3. 了解财务分析可从哪几个方面进行。
4. 了解什么是杜邦分析，如何计算净资产收益率。

【知识准备与业务操作】

统计分析包括销售分析、成本分析、财务分析和杜邦分析。

1. 销售分析

销售分析中提供了以下分析内容：

(1) 市场占有率分析

市场占有率分析包括某年度市场占有率、各市场累计占有率和累计占有率分析，以直观的饼图方式显示。

1）某年度市场占有率。

某年度市场占有率是指某年度各公司在所有当年所有市场中的各种产品销售额占总销售额的比重。第三年市场占有率即各公司在第三年所有市场中的各种产品销售额占总销售额的比重，如图 5－15 所示。第三年，A 公司的市场占有率为 8％，B 公司的市场占有率为 11％，C 公司的市场占有率为 8％，D 公司的市场占有率为 9％，E 公司的市场占有率为 15％，F 公司的市场占有率为 16％，G 公司的市场占有率为 17％，H 公司的市场占有率为 16％。

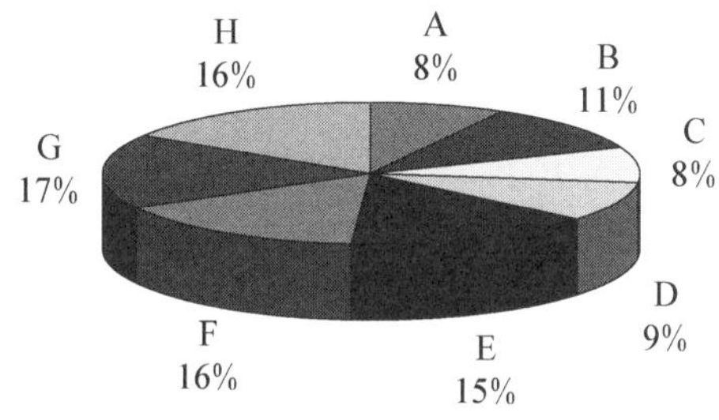

图 5－15　第三年市场占有率

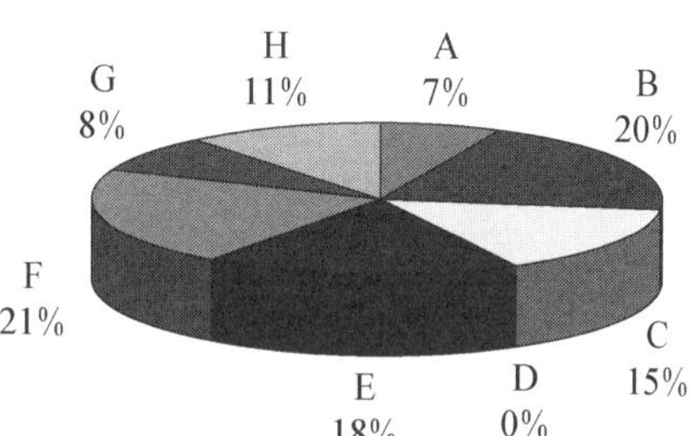

图 5－16　累计国内市场占有率

2）某市场累计占有率。

某市场累计占有率是指经营若干年之后，对一个市场进行的占有率分析，这个分析重点告诉经营者，哪个企业在这个市场中做得比较好。累计国内市场占有率如图 5－16所示，在经营 6 年之后，我们可以看到，国内市场 F 公司市场占有率最大，为 21％。D 公司最少，为 0，即没有进入该市场。

3）累计市场占有率。

累计市场占有率是反映企业在所有市场中，历年经营状况的指标，如图 5－17 所示。每年可以从该指标看出一个企业在相同时段内的经营业绩比较。

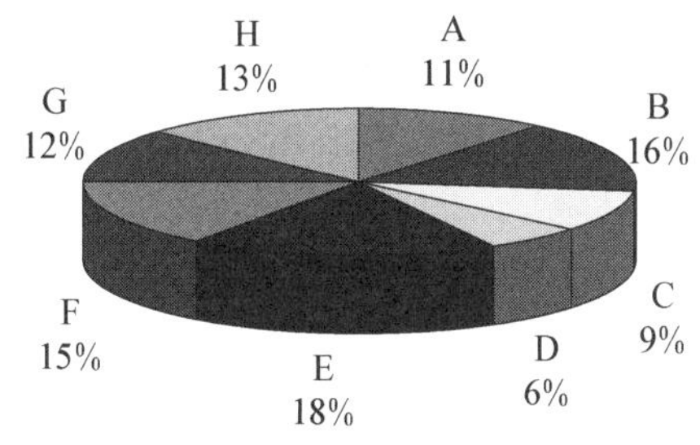

图 5－17　累计市场占有率

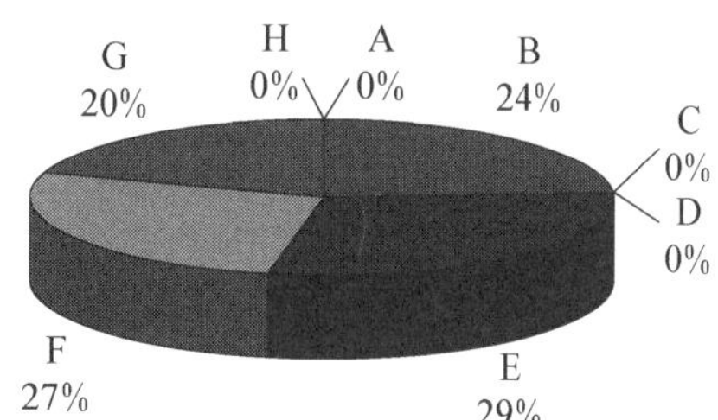

图 5－18　第三年 P2 市场份额

4）某产品、某年度的市场占有率。

从产品的角度反映各公司的市场占有率，如图 5－18 所示，它用来说明各公司对产品的销售能力。图 5－18 中可看出，B、E、F 和 G 四家企业几乎平分了第三年的 P2 市场，其他四家企业占有率均为 0。

(2) 广告投入产出比分析

广告投入产出分析,是评价广告投入收益率的指标,其计算公式为:

广告投入产出比=订单销售总额÷广告投入

广告投入产出分析用来比较各企业在广告投入上的差异。这个指标告诉经营者:本公司与竞争对手之间在广告投入策略上的差距,以警示营销总监深入分析市场和竞争对手,寻求节约成本,凭借策略取胜的突破口。

根据市场和时间的不同,系统提供了两项统计指标。一是某一年的广告投入产出比,如图 5－19 所示;二是累积的广告投入产出比,如图 5－20 所示。

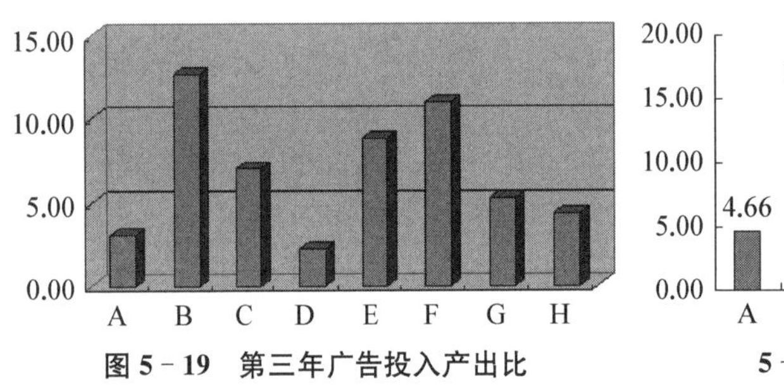

图 5－19 第三年广告投入产出比

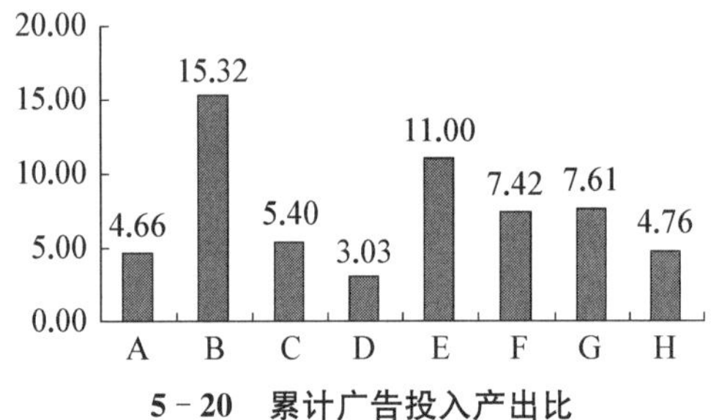

5－20 累计广告投入产出比

(3) 产品销售统计

用两个指标反映各产品市场销售总量。一是产品数量,二是产品销售额。其中,交易的产品数量和金额可以公司为单位,分解到各年,如图 5－21 所示;或累计统计,如图 5－22 所示。

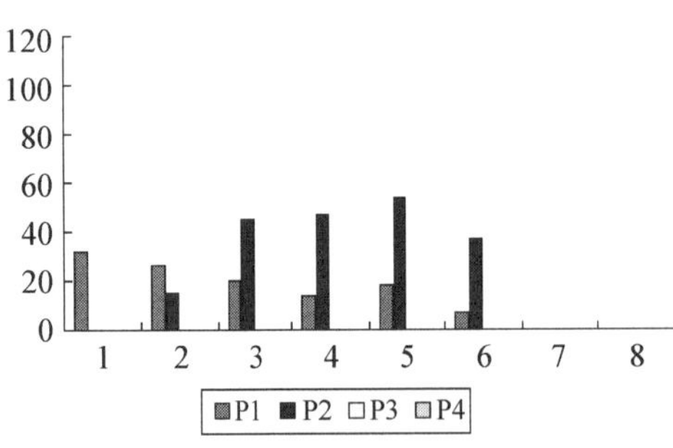

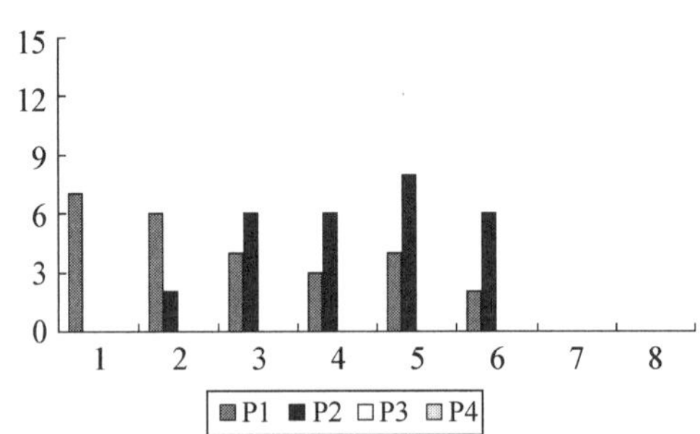

图 5－21 B 公司各年产品销售额和销售数量变化

(4) 查看销售分析图的操作

以上销售分析图形,无须单独制作,只要输入准确的经营数据,系统自动产生。销售分析按照两页形式分布。在主界面点击“销售分析”按钮,直接进入图 5－23 所示的页面。在页面中,可找到下页箭标,点击可进入下一页面。

2. 成本分析

成本分析从以下两个方面着手:通过计算各项费用占销售的比例揭示成本与收

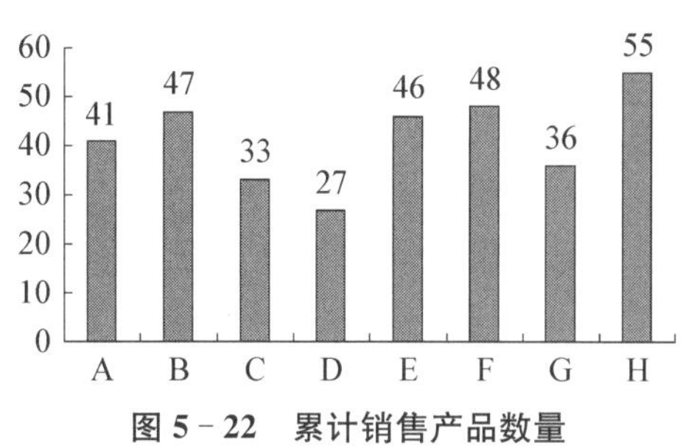

图 5－22　累计销售产品数量

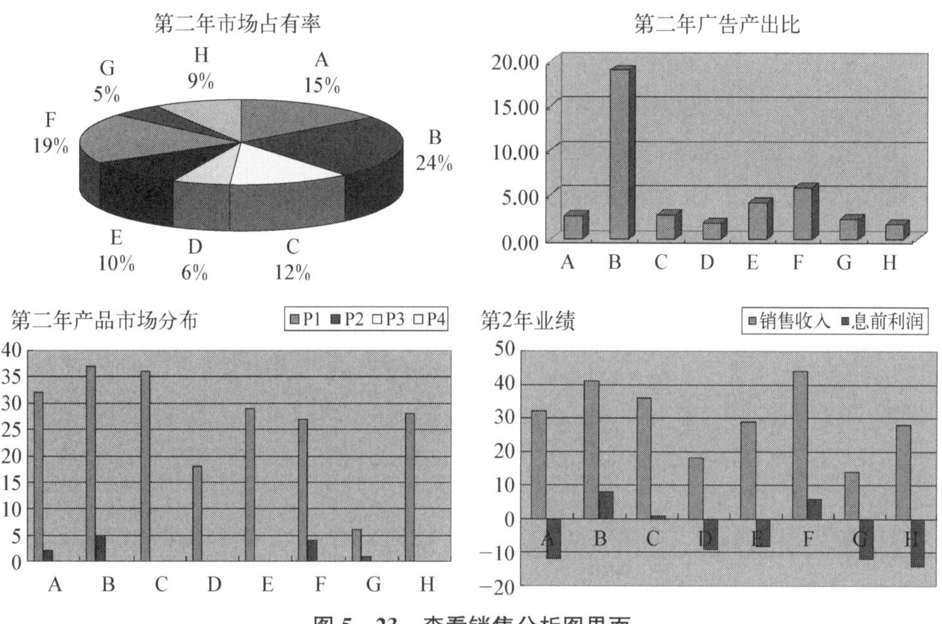

图 5－23　查看销售分析图界面

入的关系；通过成本变化趋势发现企业经营过程中的问题。

企业成本由多项费用要素构成，应了解各费用要素在总体成本中所占的比例，分析成本结构，从比例较高的那些费用支出项目入手，分析发生的原因，提出控制费用的有效方法。费用比例的计算公式为：

费用比例＝费用÷销售收入

如果将各费用比例相加，再与 1 相比，则可以看出总费用占销售比例的多少，如果超过 1，则说明支出大于收入，企业亏损，并可以直观地看出亏损的程度。

（1）费用比例分析

费用比例分析包括经常性费用比例分析和全成本比例分析，分别在两个页面用柱状图展示。

在主界面点击“成本分析”按钮，即可进入经常性费用比例分析的页面，经常性费用(见图 5－24)仅包括直接成本、广告、经营费、管理费、折旧和利息，这些费用项目是经营过程中每个时期必不可少的费用支出项目。这里展示的经营费用是根据下式计算出来的。

经营费＝设备维修费＋场地租金＋转产费＋其他费用

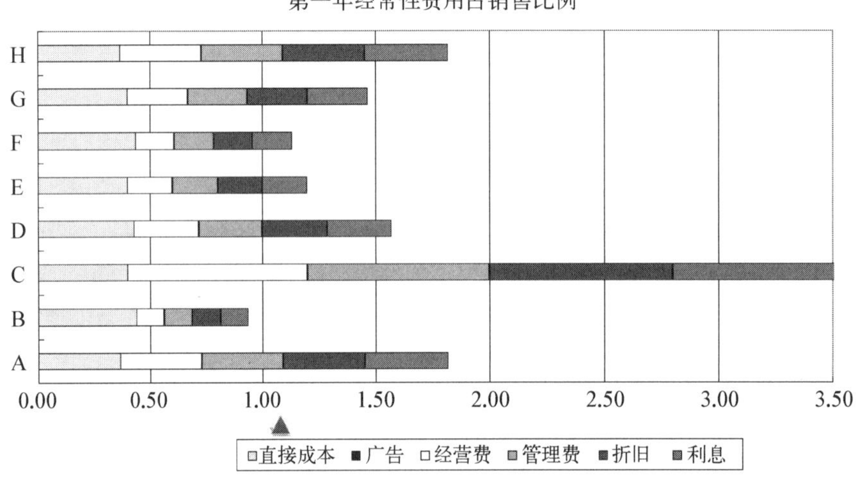

图 5－24　成本分析

(2) 全成本比例分析

从经常性费用分析页面点击右箭头图标，即可打开全成本费用比例分析页面(见图 5－25)。在全成本比例中，包括产品开发和软资产投入(市场开发、ISO 认证投入)等阶段性的成本支出项目。

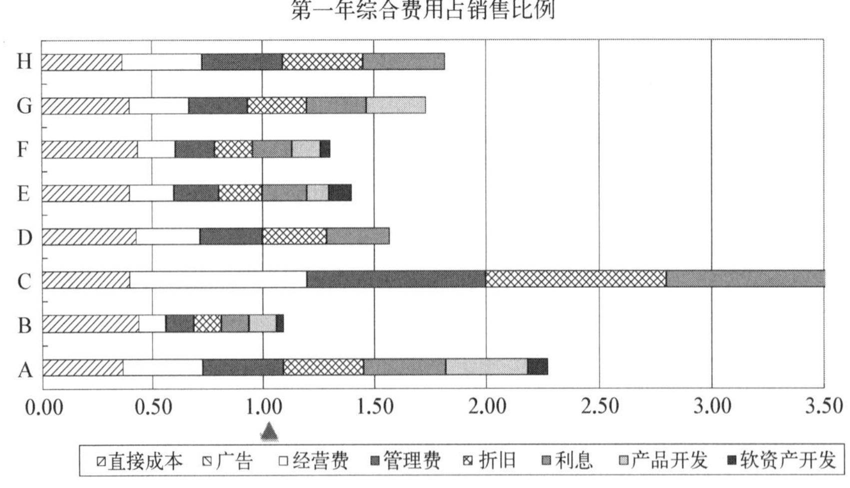

图 5－25　全成本费用比例

（3）成本比例变化分析

企业经营是持续性的活动，由于资源的消耗和补充是缓慢进行的，所以单从某一时间点上很难评价一个企业经营的好坏。比如，广告费用占销售的比例，单以一个时点来评价，无法评价好坏。但在一个时点上，可以将这个指标同其他同类企业横向来比，评价该企业在同类企业中的优劣。

在企业经营过程中，很可能由于在某一时点出现了问题，而直接或间接地影响了企业未来的经营活动，所以不能轻视经营活动中的每一个时点的指标状况。那么如何通过每一时点的指标数据发现经营活动中的问题，引起我们的警惕呢？在这里，给出一个警示信号，这就是比例变化信号。

从全成本比例分析页面，点击右箭头进入成本比例变化分析页面，如图 5－26 所示。

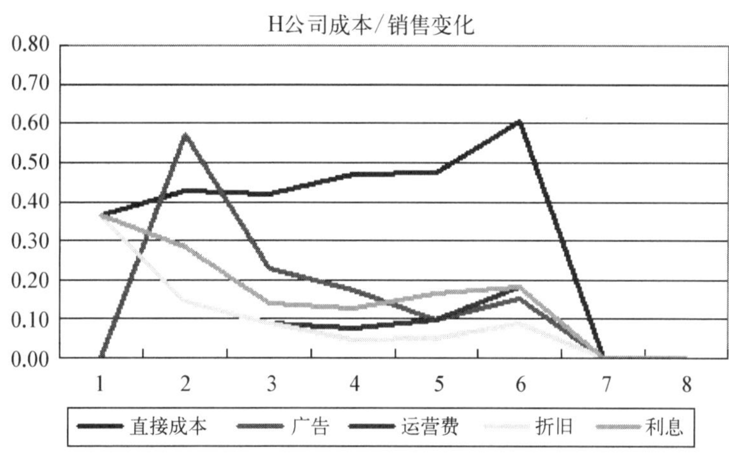

图 5－26　成本费用比例的变化

从图中可以看到，第一年和第二年的各项费用比率指标均有很大的变化，这说明企业经营遇到了问题，经营的环境正在发生变化。这个信号提醒管理者格外注意各种变化情况，及时调整经营战略和策略。在以后的年份中，各种费用的比例比较平稳，没有突变的情况，说明企业运营得比较正常。

3. 杜邦分析

各项财务指标是有其内在联系的，杜邦分析将企业的各项指标有机联系起来，通过综合分析发现问题。

在分析工具主界面，单击“杜邦分析”按钮，进入杜邦分析界面，如图 5－27 所示。

财务管理是企业经营管理的核心之一，实现股东财富最大化或公司价值最大化是财务管理的中心目标。任何一个公司的生存与发展都依赖于该公司能否创造价值。公司的每一个成员都负有实现企业价值最大化的责任。出于向投资者（股东）揭

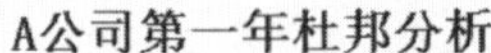

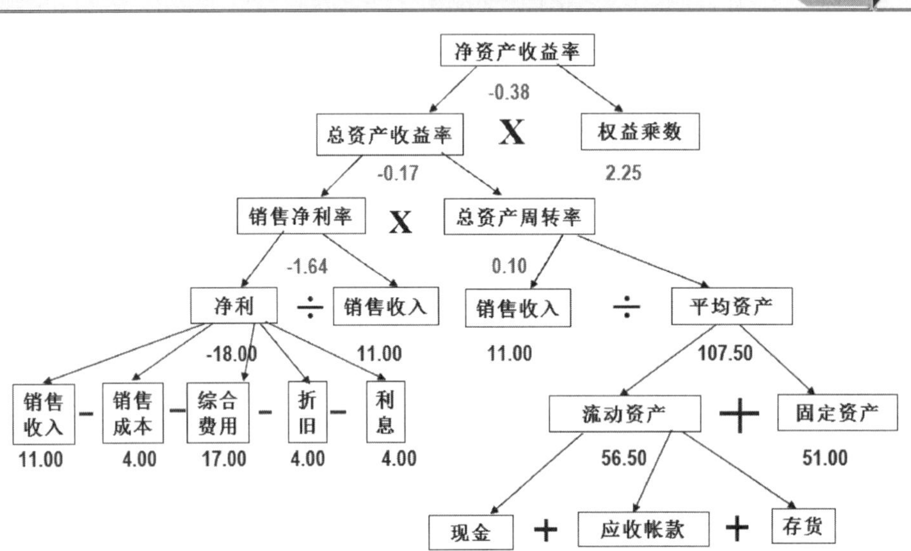

图 5－27　A 公司第一年杜邦分析

示经营成果和提高经营管理水平的需要，他们需要一套实用、有效的财务指标体系，以便据此评价和判断企业的经营绩效、经营风险、财务状况、获利能力和经营成果。杜邦财务分析体系（The Du Pont System）就是一种比较实用的财务比率分析体系。这种分析方法最早由美国杜邦公司使用，故名杜邦分析法。

杜邦分析法利用几种主要的财务比率之间的关系来综合地分析企业的财务状况，用来评价公司赢利能力和股东权益回报水平。它的基本思想是将企业净资产收益率（ROE）逐级分解为多项财务比率乘积，这样有助于深入分析比较企业经营业绩。

图 5－27 告诉我们，净资产收益率是杜邦分析的核心指标，这是因为，任何一个投资人到某一特定企业，其目的都在于该企业能给我们带来更多的回报。因此，投资人最关心这个指标，同时，这个指标也是企业管理者制定各项财务决策的重要参考依据。通过杜邦分析，将影响这个指标的三个因素从幕后推向前台，使我们能够目睹他们的庐山真面目。所以在分析净资产收益率时，就应该从构成该指标的三个因素分析入手。

为了找出销售利润率及总资产周转率水平高低原因，可将其分解为财务报表有关项目，从而进一步发现问题产生的原因。销售利润率及总资产周转率与财务报表有关项目之间的关系可从杜邦分析图中一目了然。有了这张图，可以非常直观地发现是哪些项目影响了销售利润率，或者是哪个资产项目扯了资产周转率的后腿。

总资产收益率水平高低的原因可类似进行指标分解。总资产收益率低的原因可能在于销售利润较低，也可能在于总资产周转率较低。如果属于前一种情况，则需要在开源节流方面挖掘潜力；倘若属于后一种情况，则需要提高资产的利用效率，减少资金闲置，加速资金周转。

权益乘数反映企业的负债能力。这个指标越高，说明企业资产总额中的大部分是通过负债形成的。这样的企业将会面临较高的财务风险。而这个指标低，说明企业的财务政策比较稳健，较少负债，风险也小，但获得超额收益的机会也不会很多。

杜邦分析及涉及企业获利能力方面的指标(净资产收益率、销售利润率)，也涉及营运能力方面的指标(总资产周转率)，同时还涉及举债能力指标(权益乘数)，可以说杜邦分析法是一个三足鼎立的财务分析方法。

4. 财务分析

财务分析从收益力、成长力、安定力、活动力四个方面提供了对各企业的分析数据。在分析工具主界面中，单击“财务分析”按钮，进入财务分析界面，如图 5－28 所示。

指标类	指标	第二年							下页
		A	B	C	D	E	F	G	H
收益力	毛利率	56.25%	56.10%	61.11%	55.56%	58.62%	59.09%	64.29%	57.14%
	利润率	-37.50%	19.51%	2.78%	-50.00%	-27.59%	13.64%	-85.71%	-50.00%
	总资产收益率	-10.91%	5.88%	0.97%	-8.91%	-8.25%	5.41%	-12.63%	-10.61%
	净资产收益率	-40.00%	14.29%	2.33%	-21.95%	-21.62%	11.76%	-34.29%	-43.75%
成长力	收入成长率	190.91%	28.13%	620.00%	28.57%	45.00%	91.30%	-6.67%	154.55%
	利润成长率		-116.67%	-72.22%	8.33%	-29.41%	-111.76%	6.67%	83.33%
	净资产成长率	-37.50%	3.70%	-10.42%	-24.07%	-24.49%	4.08%	-31.37%	-40.74%
安定力	流动比率	0.75	0.96	0.97	0.93	0.73	0.92	0.75	0.75
	速动比率		2.95	2.20		1.15	1.65		
	固定资产长期适配率	0.45	0.51	0.54	0.45	0.69	0.62	0.53	0.43
	资产负债率	0.73	0.59	0.58	0.59	0.62	0.54	0.63	0.76
活动力	应收账款周转率	-1.60	0.22	0.06		-1.60	0.71	-3.00	-2.55
	存货周转率	0.58	1.16	0.72	0.40	0.65	0.88	0.27	0.44
	固定资产周转率	0.62	0.76	0.80	0.40	0.57	0.81	0.27	0.49
	总资产周转率	0.29	0.33	0.38	0.18	0.31	0.44	0.15	0.21

图 5－28　财务分析界面

当报表数据录入完成后，财务分析的各项指标自动生成。单击右上角的右箭头可进行下一年度数据的查看；单击菱形按钮返回分析工具主界面。

以下是四组指标的具体含义：

(1) 收益力

收益力表明企业是否具有盈利的能力。收益力从以下四个指标入手进行定量分析,它们是毛利率、销售利润率、总资产收益率、净资产收益率。

1) 毛利率。

毛利率是经常使用的一个指标,它的计算公式为:

毛利率= 主营业务利润 ÷ 主营业务收入
=(销售收入 - 直接成本)÷ 销售收入

毛利率说明了什么问题呢? 理论上讲,毛利率说明了每 1 元销售收入所产生的利润。更进一步思考,毛利率是获利的初步指标,代表了两层含义:

其一对具体产品而言,代表一种产品的盈利能力。

其二从整个企业层面上讲,根据利润表计算出来的毛利率代表了企业产品线的盈利能力。

2) 销售利润率。

销售利润率是毛利率的延伸,是毛利减掉三项费用后的剩余。它的计算公式为:

销售利润率 = 营业利润 ÷ 主营业务收入

本指标代表了主营业务的实际利润,反映企业主业经营的好坏。两个企业可能在毛利率一样的情况下,最终的销售利润率不同,原因就是三项费用不同。

3) 总资产收益率。

总资产收益率是反映企业资产的盈利能力的指标,它包含了财务杠杆概念的指标,它的计算公式为:

总资产收益率 = 息税前利润 ÷ 资产合计

4) 净资产收益率。

净资产收益率反映投资者投入资金的最终获利能力,它的计算公式为:

净资产收益率 = 净利润 ÷ 所有者权益合计

这项指标是投资者最关心的指标之一,也是公司的总经理向公司董事会年终交卷时关注的指标。但它涉及企业对负债的运用。根据负债的多少可以将经营者分为激进型、保守型。

负债与净资产收益率的关系是显而易见的。在总资产收益率相同时,其负债的比率对净资产收益率有着放大和缩小的作用。例如,A、B 两公司总资产收益率相同,息税前利润均为 20 万,总资产 100 万,所得税率 30%。但 A 公司负债 70、所有者权益 30，负债年利率 10%；B 公司负债 30、所有者权益 70，负债年利率 10%。因此，A 公司能获得净利润为：

净利润＝息税前利润－负债息－所得税
＝20 万－7 万－3.9 万＝9.1 万

净资产收益率＝净利润÷所有者权益
＝9.1 万÷30 万×100＝30.3%

即：股东投入 100 元，能获得 32.7 元。

而 B 公司，虽然负债年利小，可以获得净利润 11.9 万，但因所有者权益为 70 万，净资产收益率只有 17%，即股东投 100 元，只能得到 17 元。

(2) 成长力

成长力表示企业是否具有成长的潜力，即持续盈利能力。成长力指标由三个反映企业经营成果增长变化的指标组成，分别是：销售收入成长率、利润成长率和净资产成长率。

1) 销售收入成长率。

这是衡量主营业务收入增长的比率指标，用来衡量经营业绩的提高程度，指标值越高越好。

计算公式为：

销售收入成长率＝(本期销售收入－上期销售收入)÷上期销售收入

2) 利润成长率。

这是衡量利润增长的比率指标，用来衡量经营效果的提高程度，越高越好。计算公式为：

利润成长率＝[本期(利息前) 利润－上期(利息前) 利润]÷
上期(利息前) 利润

3) 净资产成长率。

这是衡量净资产增长的比率指标，用来衡量股东权益提高的程度。对于投资者来说，这个指标是非常重要的，它反映了净资产的增长速度，其公式为：

净资产成长率＝(本期净资产－上期净资产)÷上年净资产

(3) 安定力

这是衡量企业财务状况是否稳定，会不会有财务危机的指标。它由 4 个指标构成，分别是流动比率、速动比率、固定资产适配率和资产负债率。

1）流动比率。

流动比率的计算公式为：

$$流动比率 = 流动资产 \div 流动负债$$

这个指标体现企业的偿还短期债务的能力。流动资产越多，短期债务越少，则流动比率越大，企业的短期偿债能力越强。一般情况下，运营周期、流动资产中的应收账款数额和存货的周转速度是影响流动比率的主要因素。

2）速动比率。

速动比率比流动比率更能体现企业的偿还短期债务的能力。其公式为：

$$\begin{aligned}速动比率 &= 速动资产 \div 流动负债\\ &= (流动资产 - 存货 - 待摊费用) \div 流动负债\end{aligned}$$

从公式中可以看出，流动资产中，尚包括变现速度较慢且可能已贬值的存货，因此将流动资产扣除存货再与流动负债对比，可以用来衡量企业的短期偿债能力。一般低于1的速动比率通常被认为是短期偿债能力偏低。影响速动比率的可信性的重要因素是应收账款的变现能力，账面上的应收账款不一定都能变现，也不一定非常可靠。

3）固定资产长期适配率。

固定资产长期适配率的计算公式为：

$$固定资产长期适配率 = 固定资产 \div (长期负债 + 所有者权益)$$

这个指标应该小于1，说明固定资产的购建应该使用还债压力较小的长期贷款和股东权益。因为，固定资产建设周期长，且固化的资产不能马上变现。如果用短期贷款来购建固定资产，由于短期内不能实现产品销售而带来现金回笼，势必造成还款压力。

这是反映债权人提供的资本占全部资本的比例，该指标也被称为负债经营比率。

其公式为：

$$资产负债率 = 负债 \div 资产$$

负债比率越大，企业面临的财务风险越大，获取利润的能力也越强。如果企业资金不足，依靠欠债维持，导致资产负债率特别高，偿债风险就应该特别注意了。资产负债率在60%～70%，比较合理、稳健，达到85%时，应视为发出预警信号，企业应引起足够的注意。

资产负债率指标不是绝对指标，需要根据企业本身的条件和市场情况判定。

（4）活动力

活动力是从企业资产的管理能力方面对企业的经营业绩进行评价，主要包括4

个比率指标，应收账款周转率、存货周转率、固定资产周转率和总资产周转率。

1）应收账款周转率(周转次数)。

应收账款周转率是指定的分析期间内应收账款转为现金的平均次数。

其公式为：

应收账款周转率(周转次数)＝当期赊销净额÷当期平均应收账款
＝当期赊销净额÷[(期初应收账款＋期末应收账款)÷2]

应收账款周转率越高，说明其收回越快。反之，说明营运资金过多呆滞在应收账款上，影响正常资金周转及偿债能力。

由于赊销的数据无法从利润表中取得，无法进行对比，所以取销售净额的数据。指标越高越好。周转率可以以年为单位计算，也可以以季、月、周为单位计算。

2）存货周转率。

这是反映存货周转快慢的指标，它的计算公式为：

存货周转率＝当期销售成本÷当期平均存货
＝当期销售成本÷[(期初存货余额＋期末存货余额)÷2]

从指标本身来说，销售成本越大，说明因为销售而转出的产品越多。销售利润率一定，赚得越多。库存越小，周转率越大。这个指标可以反映企业中采购、库存、生产、销售的衔接程度。衔接得好，原材料适合生产的需要，没有过量的采购，产成品(商品)适合销售的需要，没有积压。

3）固定资产周转率。

固定资产周转率的计算公式为：

固定资产周转率＝当期销售净额÷当期平均固定资产
＝当期销售净额÷[(期初固定资产余额＋期末固定资产余额)÷2]

这项指标的含义是固定资产占用的资金参加了几次经营周转，赚了几次钱，用以评价固定资产的利用效率，即产能是否充分发挥。

4）总资产周转率。

总资产周转指标用于衡量企业运用资产赚取利润的能力。经常和反映盈利能力的指标一起使用，全面评价企业的盈利能力。

其公式为：

总资产周转率＝当期销售收入÷当期平均总资产
＝销售收入÷[(期初资产总额＋期末资产总额)÷2]

该项指标反映总资产的周转速度，周转越快，说明销售能力越强。企业可以采用薄利多销的方法，加速资产周转，带来利润绝对额的增加。

人均利润＝当期利润总额÷当期平均职工人数
＝当期利润总额÷[(期初职工人数＋期末职工人数)÷2]

人均销售收入＝当期销售净额÷当期平均职工人数
＝当期销售净额÷[(期初职工人数＋期末职工人数)÷2]

【任务验收】

通过知识准备与业务操作的学习，你能够顺利完成任务吗？请试着将任务完成的情况或最终结论填写在表 5－3 中。

表 5－3 任 务 验 收

序 号	案 例 导 入	完成情况或最终结论
1	什么是销售分析?	
2	如何计算广告投入产出比?	
3	成本分析的指标有哪些?	
4	财务分析可从哪几个方面进行?	
5	什么是杜邦分析?	
6	如何计算净资产收益率?	

附录一　企业经营流程表及相关报表

表 1　起始年经营流程表

新年度规划会议				
参加订货会/登记销售订单				
制定新年度计划				
支付应付税				
支付长贷利息				
更新长期贷款/长期贷款还款				
申请长期贷款				
季初现金盘点(请填余额)				
更新短期贷款/还本付息				
申请短期贷款				
原材料入库/更新原料订单				
下原料订单				
更新生产/完工入库				
投资新生产线/变卖生产线/生产线转产				
开始下一批生产				
更新应收款/应收款收现				
出售厂房				
按订单交货				
产品研发投资				

续表

支付行政管理费				
其他现金收支情况登记				
支付设备维护费				
支付租金/购买厂房				
计提折旧				
新市场开拓/ISO资格认证投资				
结账				
现金收入合计				
现金支出合计				
期末现金对账(请填余额)				

表2 订单登记表(起始年)

订单号											合计
市　场											
产　品											
数　量											
单　价											
账　期											
销售额											
成　本											
毛　利											
未　售											

表 3　产品核算统计表(起始年)

	P1	P2	P3	P4	合计
数　量					
销售额					
成　本					
毛　利					

表 4　综合管理费用明细表(起始年)　　单位：百万

项　目	金　额	备　　注
管理费		
广告费		
保养费		
租　金		
转产费		
市场准入开拓		□区域　□国内　□亚洲　□国际
ISO 资格认证		□ISO9000　□1SO14000
产品研发		P2(　　)　P3(　　)　P4(　　)
其　他		
合　计		

表 5　利润表(起始年)

项　　目	上 年 数	本 年 数
销售收入	35	
直接成本	12	
毛利	23	
综合费用	11	
折旧前利润	12	
折旧	4	
支付利息前利润	8	
财务收入/支出	4	
其他收入/支出		
税前利润	4	
所得税	1	
净利润	3	

表 6　资产负债表(起始年)

资　　产	期初数	期末数	负债和所有者权益	期初数	期末数
流动资产:			负债:		
现金	20		长期负债	40	
应收款	15		短期负债		
在制品	8		应付账款		
成品	6		应交税金	1	
原料	3		一年内到期的长期负债		
流动资产合计	52		负债合计	41	
固定资产:			所有者权益:		
土地和建筑	40		股东资本	50	
机器与设备	13		利润留存	11	
在建工程			年度净利	3	
固定资产合计	53		所有者权益合计	64	
资产总计	105		负债和所有者权益总计	105	

表 7 第一年经营流程表

新年度规划会议				
参加订货会/登记销售订单				
制定新年度计划				
支付应付税				
支付长贷利息				
更新长期贷款/长期贷款还款				
申请长期贷款				
季初现金盘点(请填余额)				
更新短期贷款/还本付息				
申请短期贷款				
原材料入库/更新原料订单				
下原料订单				
更新生产/完工入库				
投资新生产线/变卖生产线/生产线转产				
开始下一批生产				
更新应收款/应收款收现				
出售厂房				
按订单交货				
产品研发投资				
支付行政管理费				
其他现金收支情况登记				
支付设备维护费				
支付租金/购买厂房				
计提折旧				
新市场开拓/ISO 资格认证投资				
结账				
现金收入合计				
现金支出合计				
期末现金对账(请填余额)				

表 8　订单登记表(第一年)

订单号											合计
市　场											
产　品											
数　量											
单　价											
账　期											
销售额											
成　本											
毛　利											
未　售											

表 9　产品核算统计表(第一年)

	P1	P2	P3	P4	合计
数　量					
销售额					
成　本					
毛　利					

表 10　综合管理费用明细表(第一年)　　单位：百万

项　目	金　额	备　　注
管理费		
广告费		
保养费		
租　金		
转产费		
市场准入开拓		□区域　□国内　□亚洲　□国际
ISO 资格认证		□ISO9000　□1SO14000
产品研发		P2(　　)　P3(　　)　P4(　　)
其　他		
合　计		

表 11　利润表(第一年)

项　　目	上 年 数	本 年 数
销售收入		
直接成本		
毛利		
综合费用		
折旧前利润		
折旧		
支付利息前利润		
财务收入/支出		
其他收入/支出		
税前利润		
所得税		
净利润		

表 12　资产负债表(第一年)

资　　产	期初数	期末数	负债和所有者权益	期初数	期末数
流动资产：			负债：		
现金			长期负债		
应收款			短期负债		
在制品			应付账款		
成品			应交税金		
原料			一年内到期的长期负债		
流动资产合计			负债合计		
固定资产：			所有者权益：		
土地和建筑			股东资本		
机器与设备			利润留存		
在建工程			年度净利		
固定资产合计			所有者权益合计		
资产总计			负债和所有者权益总计		

表 13　第二年经营流程表

新年度规划会议				
参加订货会/登记销售订单				
制定新年度计划				
支付应付税				
支付长贷利息				
更新长期贷款/长期贷款还款				
申请长期贷款				
季初现金盘点(请填余额)				
更新短期贷款/还本付息				
申请短期贷款				
原材料入库/更新原料订单				
下原料订单				
更新生产/完工入库				
投资新生产线/变卖生产线/生产线转产				
开始下一批生产				
更新应收款/应收款收现				
出售厂房				
按订单交货				
产品研发投资				
支付行政管理费				
其他现金收支情况登记				
支付设备维护费				
支付租金/购买厂房				
计提折旧				
新市场开拓/ISO 资格认证投资				
结账				
现金收入合计				
现金支出合计				
期末现金对账(请填余额)				

表 14　订单登记表(第二年)

订单号											合计
市　场											
产　品											
数　量											
单　价											
账　期											
销售额											
成　本											
毛　利											
未　售											

表 15　产品核算统计表(第二年)

	P1	P2	P3	P4	合计
数　量					
销售额					
成　本					
毛　利					

表 16　综合管理费用明细表(第二年)　　单位：百万

项　目	金　额	备　　注
管理费		
广告费		
保养费		
租　金		
转产费		
市场准入开拓		□区域　□国内　□亚洲　□国际
ISO 资格认证		□ISO9000　□1SO14000
产品研发		P2(　　)　P3(　　)　P4(　　)
其　他		
合　计		

表 17　利润表(第二年)

项　　目	上 年 数	本 年 数
销售收入		
直接成本		
毛利		
综合费用		
折旧前利润		
折旧		
支付利息前利润		
财务收入/支出		
其他收入/支出		
税前利润		
所得税		
净利润		

表 18　资产负债表(第二年)

资　　产	期初数	期末数	负债和所有者权益	期初数	期末数
流动资产：			负债：		
现金			长期负债		
应收款			短期负债		
在制品			应付账款		
成品			应交税金		
原料			一年内到期的长期负债		
流动资产合计			负债合计		
固定资产：			所有者权益：		
土地和建筑			股东资本		
机器与设备			利润留存		
在建工程			年度净利		
固定资产合计			所有者权益合计		
资产总计			负债和所有者权益总计		

表 19　第三年经营流程表

新年度规划会议				
参加订货会/登记销售订单				
制定新年度计划				
支付应付税				
支付长贷利息				
更新长期贷款/长期贷款还款				
申请长期贷款				
季初现金盘点(请填余额)				
更新短期贷款/还本付息				
申请短期贷款				
原材料入库/更新原料订单				
下原料订单				
更新生产/完工入库				
投资新生产线/变卖生产线/生产线转产				
开始下一批生产				
更新应收款/应收款收现				
出售厂房				
按订单交货				
产品研发投资				
支付行政管理费				
其他现金收支情况登记				
支付设备维护费				
支付租金/购买厂房				
计提折旧				
新市场开拓/ISO 资格认证投资				
结账				
现金收入合计				
现金支出合计				
期末现金对账(请填余额)				

表 20 订单登记表(第三年)

订单号											合计
市　场											
产　品											
数　量											
单　价											
账　期											
销售额											
成　本											
毛　利											
未　售											

表 21 产品核算统计表(第三年)

	P1	P2	P3	P4	合计
数　量					
销售额					
成　本					
毛　利					

表 22 综合管理费用明细表(第三年)　　单位：百万

项　目	金　额	备　　注
管理费		
广告费		
保养费		
租　金		
转产费		
市场准入开拓		□区域　□国内　□亚洲　□国际
ISO 资格认证		□ISO9000　□1SO14000
产品研发		P2(　)　P3(　)　P4(　)
其　他		
合　计		

表 23　利润表(第三年)

项　　目	上 年 数	本 年 数
销售收入		
直接成本		
毛利		
综合费用		
折旧前利润		
折旧		
支付利息前利润		
财务收入/支出		
其他收入/支出		
税前利润		
所得税		
净利润		

表 24　资产负债表(第三年)

资　　产	期初数	期末数	负债和所有者权益	期初数	期末数
流动资产：			负债：		
现金			长期负债		
应收款			短期负债		
在制品			应付账款		
成品			应交税金		
原料			一年内到期的长期负债		
流动资产合计			负债合计		
固定资产：			所有者权益：		
土地和建筑			股东资本		
机器与设备			利润留存		
在建工程			年度净利		
固定资产合计			所有者权益合计		
资产总计			负债和所有者权益总计		

表 25　第四年经营流程表

新年度规划会议				
参加订货会/登记销售订单				
制定新年度计划				
支付应付税				
支付长贷利息				
更新长期贷款/长期贷款还款				
申请长期贷款				
季初现金盘点(请填余额)				
更新短期贷款/还本付息				
申请短期贷款				
原材料入库/更新原料订单				
下原料订单				
更新生产/完工入库				
投资新生产线/变卖生产线/生产线转产				
开始下一批生产				
更新应收款/应收款收现				
出售厂房				
按订单交货				
产品研发投资				
支付行政管理费				
其他现金收支情况登记				
支付设备维护费				
支付租金/购买厂房				
计提折旧				
新市场开拓/ISO 资格认证投资				
结账				
现金收入合计				
现金支出合计				
期末现金对账(请填余额)				

表 26　订单登记表(第四年)

订单号											合计
市　场											
产　品											
数　量											
单　价											
账　期											
销售额											
成　本											
毛　利											
未　售											

表 27　产品核算统计表(第四年)

	P1	P2	P3	P4	合计
数　量					
销售额					
成　本					
毛　利					

表 28　综合管理费用明细表(第四年)　　单位：百万

项　目	金　额	备　　注
管理费		
广告费		
保养费		
租　金		
转产费		
市场准入开拓		□区域　□国内　□亚洲　□国际
ISO 资格认证		□ISO9000　□1SO14000
产品研发		P2(　　)　P3(　　)　P4(　　)
其　他		
合　计		

表 29　利润表(第四年)

项　　目	上 年 数	本 年 数
销售收入		
直接成本		
毛利		
综合费用		
折旧前利润		
折旧		
支付利息前利润		
财务收入/支出		
其他收入/支出		
税前利润		
所得税		
净利润		

表 30　资产负债表(第四年)

资　　产	期初数	期末数	负债和所有者权益	期初数	期末数
流动资产：			负债：		
现金			长期负债		
应收款			短期负债		
在制品			应付账款		
成品			应交税金		
原料			一年内到期的长期负债		
流动资产合计			负债合计		
固定资产：			所有者权益：		
土地和建筑			股东资本		
机器与设备			利润留存		
在建工程			年度净利		
固定资产合计			所有者权益合计		
资产总计			负债和所有者权益总计		

表 31　第五年经营流程表

新年度规划会议				
参加订货会/登记销售订单				
制定新年度计划				
支付应付税				
支付长贷利息				
更新长期贷款/长期贷款还款				
申请长期贷款				
季初现金盘点(请填余额)				
更新短期贷款/还本付息				
申请短期贷款				
原材料入库/更新原料订单				
下原料订单				
更新生产/完工入库				
投资新生产线/变卖生产线/生产线转产				
开始下一批生产				
更新应收款/应收款收现				
出售厂房				
按订单交货				
产品研发投资				
支付行政管理费				
其他现金收支情况登记				
支付设备维护费				
支付租金/购买厂房				
计提折旧				
新市场开拓/ISO 资格认证投资				
结账				
现金收入合计				
现金支出合计				
期末现金对账(请填余额)				

表 32　订单登记表(第五年)

订单号											合计
市　场											
产　品											
数　量											
单　价											
账　期											
销售额											
成　本											
毛　利											
未　售											

表 33　产品核算统计表(第五年)

	P1	P2	P3	P4	合计
数　量					
销售额					
成　本					
毛　利					

表 34　综合管理费用明细表(第五年)　　单位：百万

项　目	金　额	备　　注
管理费		
广告费		
保养费		
租　金		
转产费		
市场准入开拓		□区域　□国内　□亚洲　□国际
ISO 资格认证		□ISO9000　□1SO14000
产品研发		P2(　　)　P3(　　)　P4(　　)
其　他		
合　计		

表 35　利润表(第五年)

项　　目	上 年 数	本 年 数
销售收入		
直接成本		
毛利		
综合费用		
折旧前利润		
折旧		
支付利息前利润		
财务收入/支出		
其他收入/支出		
税前利润		
所得税		
净利润		

表 36　资产负债表(第五年)

资　　产	期初数	期末数	负债和所有者权益	期初数	期末数
流动资产：			负债：		
现金			长期负债		
应收款			短期负债		
在制品			应付账款		
成品			应交税金		
原料			一年内到期的长期负债		
流动资产合计			负债合计		
固定资产：			所有者权益：		
土地和建筑			股东资本		
机器与设备			利润留存		
在建工程			年度净利		
固定资产合计			所有者权益合计		
资产总计			负债和所有者权益总计		

表 37　第六年经营流程表

新年度规划会议				
参加订货会/登记销售订单				
制定新年度计划				
支付应付税				
支付长贷利息				
更新长期贷款/长期贷款还款				
申请长期贷款				
季初现金盘点(请填余额)				
更新短期贷款/还本付息				
申请短期贷款				
原材料入库/更新原料订单				
下原料订单				
更新生产/完工入库				
投资新生产线/变卖生产线/生产线转产				
开始下一批生产				
更新应收款/应收款收现				
出售厂房				
按订单交货				
产品研发投资				
支付行政管理费				
其他现金收支情况登记				
支付设备维护费				
支付租金/购买厂房				
计提折旧				
新市场开拓/ISO 资格认证投资				
结账				
现金收入合计				
现金支出合计				
期末现金对账(请填余额)				

表 38　订单登记表（第六年）

订单号											合计
市　场											
产　品											
数　量											
单　价											
账　期											
销售额											
成　本											
毛　利											
未　售											

表 39　产品核算统计表（第六年）

	P1	P2	P3	P4	合计
数　量					
销售额					
成　本					
毛　利					

表 40　综合管理费用明细表（第六年）　　单位：百万

项　目	金　额	备　　注
管理费		
广告费		
保养费		
租　金		
转产费		
市场准入开拓		□区域　□国内　□亚洲　□国际
ISO 资格认证		□ISO9000　□1SO14000
产品研发		P2（　）P3（　）P4（　）
其　他		
合　计		

表 41　利润表(第六年)

项　　目	上 年 数	本 年 数
销售收入		
直接成本		
毛利		
综合费用		
折旧前利润		
折旧		
支付利息前利润		
财务收入/支出		
其他收入/支出		
税前利润		
所得税		
净利润		

表 42　资产负债表(第六年)

资　　产	期初数	期末数	负债和所有者权益	期初数	期末数
流动资产:			负债:		
现金			长期负债		
应收款			短期负债		
在制品			应付账款		
成品			应交税金		
原料			一年内到期的长期负债		
流动资产合计			负债合计		
固定资产:			所有者权益:		
土地和建筑			股东资本		
机器与设备			利润留存		
在建工程			年度净利		
固定资产合计			所有者权益合计		
资产总计			负债和所有者权益总计		

附录二　市场预测图

本地市场P系列产品需求量预测

本地市场产品价格预测

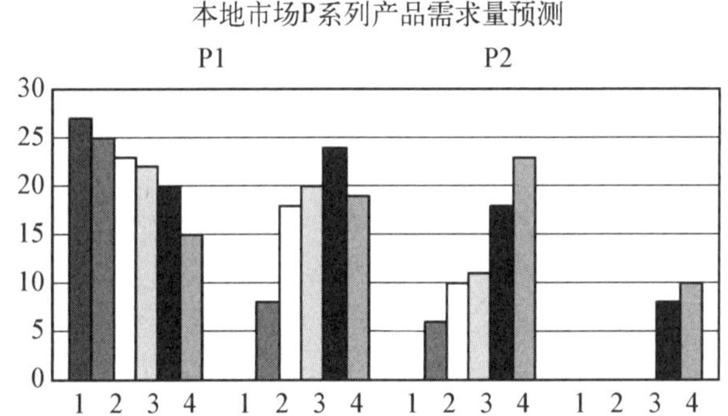

12
10
8
6
4
2
0
1 2 3 4 5 6
P1 P2 P3 P4

本地市场将会持续发展，对低端产品的需求可能要下滑，伴随着需求的减少，低端产品的价格很有可能走低。后几年，随着高端产品的成熟，市场对 P3、P4 产品的需求将会逐渐增大。由于客户对质量意识的不断提高，后几年可能对产品的 ISO9000 和 ISO14000 认证有更多的需求。

图 1　本地市场预测图

区域市场P系列产品需求量预测

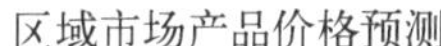

区域市场产品价格预测

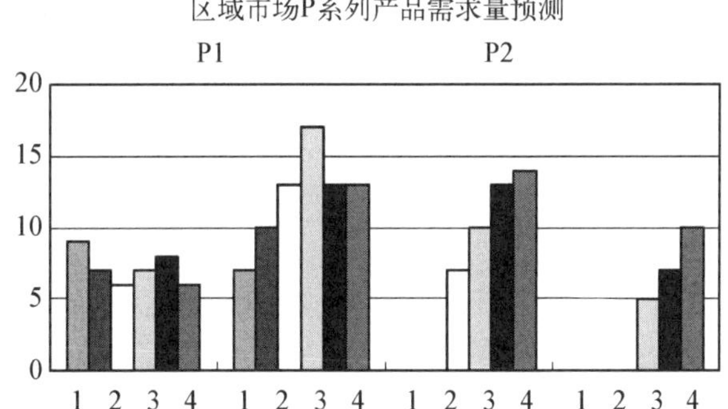

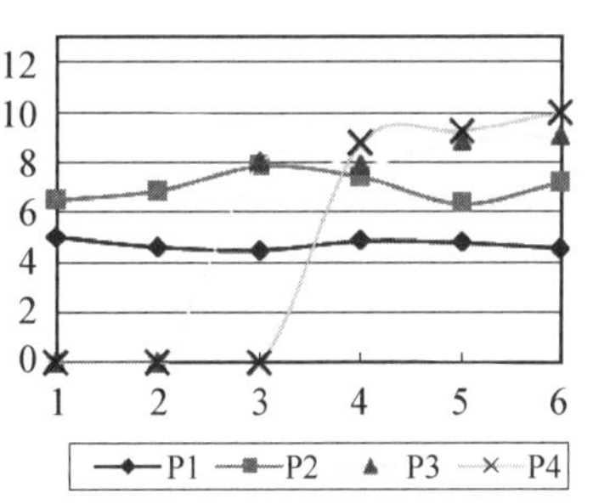

区域市场的客户相对稳定，对 P 系列产品需求的变化很有可能比较平稳。因紧邻本地市场，所以产品需求量的走势可能与本地市场相似，价格趋势也应大致一样。该市场容量有限，对高端产品的需求也可能相对较小，但客户会对产品的 ISO9000 和 ISO14000 认证有较高的要求。

图 2　区域市场预测图

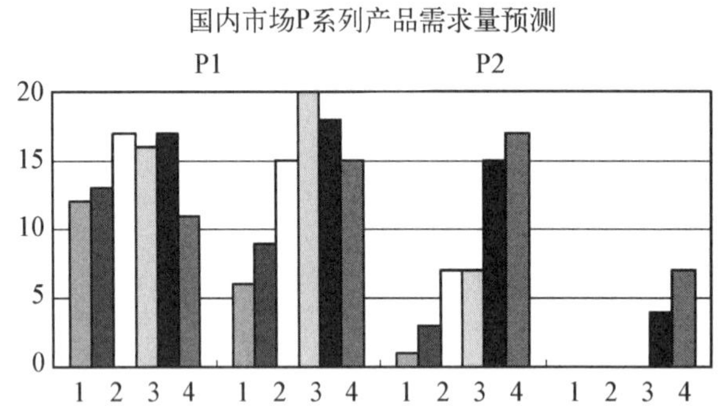

国内市场产品价格预测

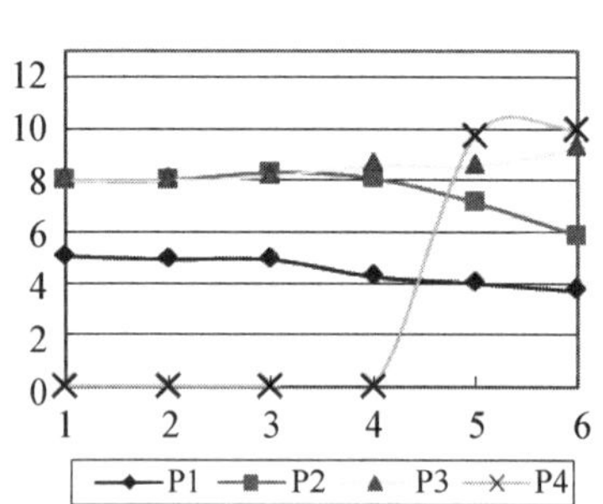

因 P1 产品带有较浓的地域色彩，估计国内市场对 P1 产品不会有持久的需求。P2 产品因更适合于国内市场，估计需求一直比较平稳。随着对 P 系列产品的逐渐认同，估计对 P3 产品的需求会发展较快。但对 P4 产品的需求就不一定像 P3 产品那样旺盛了。当然，对高价值的产品来说，客户一定会更注重产品的质量认证。

图 3　国内市场预测图

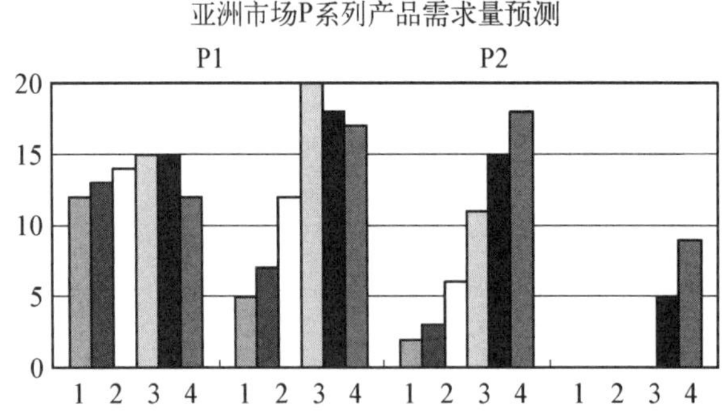

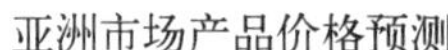

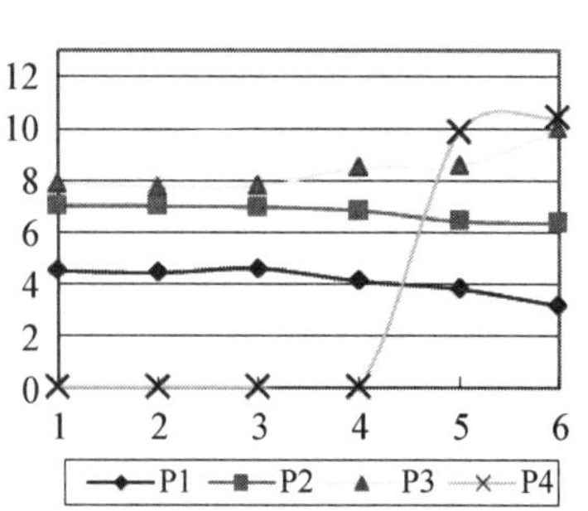

这个市场一向波动较大，所以对 P1 产品的需求可能起伏较大，估计对 P2 产品的需求走势与 P1 相似。但该市场对新产品很敏感，因此估计对 P3、P4 产品的需求量会发展较快，价格也可能不菲。另外，这个市场的消费者很看重产品的质量，所以没有 ISO9000 和 ISO14000 认证的产品可能很难销售。

图 4　亚洲市场预测图

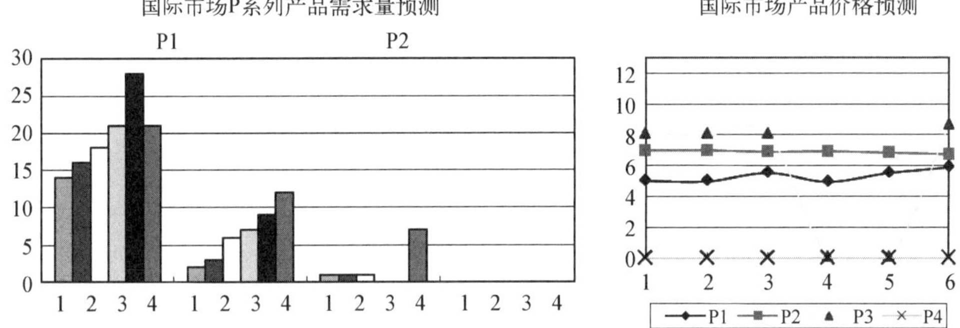

P 系列产品进入国际市场可能需要一个较长的时期。有迹象表明，对 P1 产品已经有所认同，但还需要一段时间才能被市场接受。同样，对 P2、P3 和 P4 产品也会很谨慎地接受，需求发展较慢。当然，全球市场的客户也会关注具有 ISO 认证的产品。

图 5　全球市场预测图

附录三　采购登记表

表 43　采购登记表

1季				2季				3季				4季			
R1	R2	R3	R4	R1	R2	R3	R4	R1	R2	R3	R4	R1	R2	R3	R4

1季				2季				3季				4季			
R1	R2	R3	R4	R1	R2	R3	R4	R1	R2	R3	R4	R1	R2	R3	R4

1季				2季				3季				4季			
R1	R2	R3	R4	R1	R2	R3	R4	R1	R2	R3	R4	R1	R2	R3	R4

1季				2季				3季				4季			
R1	R2	R3	R4	R1	R2	R3	R4	R1	R2	R3	R4	R1	R2	R3	R4

1季				2季				3季				4季			
R1	R2	R3	R4	R1	R2	R3	R4	R1	R2	R3	R4	R1	R2	R3	R4

1季				2季				3季				4季			
R1	R2	R3	R4	R1	R2	R3	R4	R1	R2	R3	R4	R1	R2	R3	R4

附录四　规则说明

表 44　市场划分与市场准入

市　　场	开 拓 费 用	持 续 时 间
区　域	1 M	1 年
国　内	1 M	1 年
亚　洲	2 M	2 年
全　球	3 M	3 年

企业目前在本地市场经营，新市场包括区域、国内、亚洲、全球市场。不同市场投入的费用及时间不同，只有市场投入全部完成后方可接单所有已进入的市场。

表 45　厂房购买、租赁与出售

厂　　房	买　　价	租　　金	售　　价	容　　量
大厂房	40 M	5 M/年	40 M(4 Q)	6 条生产线
小厂房	30 M	3 M/年	30 M(4 Q)	4 条生产线

年底决定厂房是购买还是租赁，出售厂房计入 4Q 应收款，购买后将购买价放在厂房价值处，厂房不提折旧。

表 46　生产线购买、转产与维护、出售

生产线	购买价格	安装周期	生产周期	转产周期	转产费用	维护费用	出售残值
手工线	5 M	无	3 Q	无	无	1 M/年	1 M
半自动	8 M	2 Q	2 Q	1 Q	1 M	1 M/年	2 M
全自动	16 M	4 Q	1 Q	2 Q	4 M	1 M/年	4 M
柔性线	24 M	4 Q	1 Q	无	无	1 M/年	6 M

所有生产线都能生产所有产品，所需支付的加工费相同，每产品 1 M。

购买：投资新生产线时按安装周期平均支付投资，全部投资到位的下一个季度领取产品标识开始生产。

转产：现有生产线转产生产新产品时可能需要一定转产周期并支付一定转产费用，最后一笔支付到期一个季度后方可更换产品标识。

维护：当年在建的生产线和当年出售的生产线不用交维护费。

出售：出售生产线时，如果生产线净值小于残值，将净值转换为现金；如果生产线净值大于残值，将相当于残值的部分转换为现金，将差额部分作为费用处理(综合费用—其他)。

折旧：每年按生产线净值的 1/3 取整计算折旧，当年建成的生产线不提折旧，当生产线净值小于 3 M 时，每年提 1 M 折旧。

表 47　产 品 研 发

产　　品	P2	P3	P4
研发时间	4 Q	4 Q	4 Q
研发投资	4 M	8 M	12 M

新产品研发投资可以同时进行，按季度平均支付或延期，资金短缺时可以中断，但必须完成投资后方可接单生产。

研发投资计入综合费用，研发投资完成后持全部投资换取产品生产资格证。

表 48　ISO 认证

管理体系	ISO9000	ISO14000
建立时间	2 年	3 年
所需投资	1 M/年	1 M/年

两项认证投资可同时进行或延期，相应投资完成后领取 ISO 资格证。

研发投资与认证投资计入当上综合费用。

表 49　融资贷款与资金贴现

贷款类型	贷款时间	贷款额度	年息	还 款 方 式
长期贷款	每年年末	权益的 2 倍	10%	年底付息，到期还本
短期贷款	每季度初	权益的 2 倍	5%	到期一次还本、付息
高利贷	任何时间		20%	到期一次还本、付息
资金贴现	任何时间	视应收款额	1∶6	变现时贴息

长期贷款最长期限为 5 年，短期贷款及高利贷期限为 1 年，不足 1 年的按 1 年

计息。

长期贷款每年需还利息，短期贷款到期时还本付息(贷款只能是 20 的倍数)。

资金贴现在有应收账款时随时可以进行，金额是 7 的倍数，不论应收账款期限长短，拿出 7 M 交 1 M 的贴现费。

图书在版编目（CIP）数据

自我认知与企业认知 / 王晶晶, 韩芳, 郭威主编. — 上海:上海教育出版社, 2020.3
ISBN 978-7-5444-9885-2

Ⅰ.①自… Ⅱ.①王… ②韩… ③郭… Ⅲ.①企业管理-高等职业教育-教材 Ⅳ.①F272

中国版本图书馆CIP数据核字(2020)第043710号

责任编辑 公雯雯
特约审读 赵成亮
封面设计 陆 弦

自我认知与企业认知
王晶晶 韩 芳 郭 威 主编

出版发行 上海教育出版社有限公司
官 网 www.seph.com.cn
地 址 上海市永福路123号
邮 编 200031
印 刷 上海叶大印务发展有限公司
开 本 787×1092 1/16 印张 12.5 插页 1
字 数 238 千字
版 次 2020年3月第1版
印 次 2020年3月第1次印刷
书 号 ISBN 978-7-5444-9885-2/G·8149
定 价 45.00 元

如发现质量问题，读者可向本社调换 电话：021-64377165